Die Verfassung
der
Freien und Hansestadt Hamburg
vom 6. Juni 1952

Kommentar

von

Wilhelm Drexelius und **Renatus Weber**

Dr. jur.
Senatssyndicus in Hamburg

Dr. jur., M. A.
Rechtsanwalt in Hamburg

nebst
Senatsgesetz, Gesetz über Verwaltungsbehörden, Verhältnisgesetz, Polizeiverwaltungsgesetz, Richterwahlgesetz, Bürgerschaftswahlgesetz

Cram, de Gruyter & Co., Hamburg

1953

Satz: Walter de Gruyter & Co., Berlin W 35 Druck: Buchkunst, Berlin W 35

Inhalt

Seite

1. Vorwort von Bürgermeister a. D. Adolph Schönfelder, Präsident der Hamburger Bürgerschaft VII
2. Verzeichnis der Abkürzungen IV
3. Die Verfassung
   Die Präambel
   Teil I Die staatlichen Grundlagen 1
   Teil II Die Bürgerschaft 6
   Teil III Der Senat 32
   Teil IV Die Gesetzgebung 45
   Teil V Die Verwaltung 52
   Teil VI Die Rechtssprechung 57
   Teil VII Haushalt und Finanzwesen 66
   Teil VIII Schluß- und Übergangsbestimmungen 74
4. Senatsgesetz 76
5. Gesetz über Verwaltungsbehörden 83
6. Verhältnisgesetz 87
7. Polizeiverwaltungsgesetz 98
8. Richterwahlgesetz 98
9. Bürgerschaftswahlgesetz 101
10. Sachverzeichnis 113
11. Übersichtstafel über die Gliederung der hamburgischen Verwaltung

Abkürzungen

Abg.	Abgeordneter.
Anschütz	Gerhard Anschütz, Die Verfassung des Deutschen Reiches vom 11. August 1919, Kommentar 14. Aufl. 1933.
ArchöffR	Archiv des öffentlichen Rechts.
AusschBer	Bericht des bürgerschaftlichen Ausschusses an die hamburgische Bürgerschaft.
BayerVerfGerH	Bayrischer Verfassungsgerichtshof.
BGBl.	Bundesgesetzblatt.
Bonner Komm.	Kommentar zum Bonner Grundgesetz (Bonner Kommentar), H. J. Abraham u. A., im Hans. Gildenverlag, Hamburg 1950.
BTag	Bundestag.
BürgAussch	Bürgerausschuß.
BVerfGer	Bundesverfassungsgericht.
GG	Grundgesetz für die Bundesrepublik Deutschland vom 23. Mai 1949.
Ges.	Gesetz.
GeschO	Geschäftsordnung.
GesS	Gesetzsammlung.
Giese	Friedrich Giese, Grundgesetz für die Bundesrepublik Deutschland vom 23. Mai 1949, staatsrechtlich erläutert, 2. Aufl. 1951.
GVBl.	Hamburgisches Gesetz- und Verordnungsblatt.
Hans OLG	Hanseatisches Oberlandesgericht.
Hans RZ	Hanseatische Rechts-Zeitschrift.
Hatschek	Julius Hatschek, Deutsches und Preußisches Staatsrecht, 2 Bände, 1922, 1923.
Hbg AGGVG	Hamburgisches Gesetz zur Ausführung des Gerichtsverfassungsgesetzes vom 25. Februar 1910 i. d. F. der Bekanntmachung vom 25. Oktober 1926.
Jellinek	Walter Jellinek, Verwaltungsrecht, 3. Aufl. 1948.
JurZ	Juristenzeitung.
JW	Juristische Wochenschrift.
Kaisenberg	Georg Kaisenberg, Die Wahl zum Reichstag, 1928.
Laband	P. Laband, Das Staatsrecht des Deutschen Reiches, 5. Aufl. 1911/14.
MDR	Monatsschrift für Deutsches Recht.
v. Melle	Werner v. Melle, Das hamburgische Staatsrecht 1891.
Mittelstein	Max Mittelstein, Die Verfassung der Freien und Hansestadt Hamburg vom 7. Januar 1921 mit Einleitung und Erläuterungen, 1924.

RGBl.	Reichsgesetzblatt.
RGST.	Entscheidung des Reichsgerichts in Strafsachen.
RTagsAbg.	Reichstagsabgeordneter.
RVerf 1871	Verfassung des Deutschen Reiches vom 16. April 1871.
RGZ	Entscheidung des Reichsgerichts in Zivilsachen.
Seelig	Geert Seelig, Hamburgisches Staatsrecht auf geschichtlicher Grundlage, 1902.
SenE	Senatsentwurf einer Verfassung der Freien und Hansestadt Hamburg, Antrag des Senats Nr. 16 von 1950 an die Bürgerschaft.
StenBer	Stenographische Berichte der Bürgerschaft zu Hamburg.
Studt-Olsen	Bernhard Studt und Hans Olsen, Hamburg, Die Geschichte einer Stadt, 1951.
Verf 1860	Verfassung der Freien und Hansestadt Hamburg vom 18. September 1860.
Verf 1879	Verfassung der Freien und Hansestadt Hamburg vom 13. Oktober 1879.
Verf 1921	Verfassung der Freien und Hansestadt Hamburg vom 7. Januar 1921.
VerfA	Verfassungsausschuß der hamburgischen Bürgerschaft.
VerfBer	Zweiter Bericht des Verfassungsausschusses (Nr. 60 von 1951) der hamburgischen Bürgerschaft über den Antrag des Senats Nr. 16 (StenBer 1952, S. 645ff.).
VerfR	Verfassungsrecht.
VerwRspr.	Verwaltungsrechtsprechung in Deutschland, Sammlung oberstrichtlicher Entscheidungen aus dem Verfassungs- und Verwaltungsrecht.
VO	Verordnung.
VorlVerf	Vorläufige Verfassung der Hansestadt Hamburg vom 15. Mai 1946.
WeimRVerf	Verfassung des Deutschen Reiches vom 11. August 1919.
Westphalen	Westphalen, Hamburgs Verfassung und Verwaltung, 2. Aufl. 1846.
Wolffsohn	Wolffsohn, Das Staatsrecht der Freien und Hansestadt Hamburg, 1884.
Wulff	Hamburgische Gesetze und Verordnungen, herausgegeben von Albert Wulff, 3. Aufl. 1930.

Vorwort

von Bürgermeister a. D. Adolph Schönfelder, Präsident der Bürgerschaft

Am 4. Juni 1952 hat die Hamburger Bürgerschaft eine neue Verfassung verabschiedet, die am 1. Juli 1952 in Kraft getreten ist. Damit wurde die Vorläufige Verfassung vom 15. Mai 1946 aufgehoben.

Diese Vorläufige Verfassung war von einer Bürgerschaft beschlossen worden, deren Abgeordnete nicht gewählt, sondern deren Mitglieder, Männer sowie Frauen aus allen Kreisen der Bevölkerung und aus allen Bezirken der Hansestadt Hamburg, von der Militärregierung ernannt worden waren. Sie umfaßte Vertreter der politischen Parteien, der Konfessionen, der Gewerkschaften, der Industrie und des Handels, der freien Berufe, der Landwirtschaft und einige andere Gruppen.

Diese ernannte Bürgerschaft trat am 27. Februar 1946 zusammen und blieb in Funktion bis zur ersten Neuwahl einer Bürgerschaft am 13. Oktober 1946. Die von der ernannten Bürgerschaft beschlossene und von der damaligen Militärregierung genehmigte Verfassung stützte sich in ihren Hauptpunkten auf die alte Hamburger Verfassung vom 7. Januar 1921. Hamburg konnte mit dieser Vorl. Verfassung zunächst recht gut arbeiten und ließ sich deshalb Zeit mit der Erarbeitung einer neuen Verfassung, die „reifen“ sollte, so daß es nun als letztes Land im Bunde seine Verfassung beschloß. Am 13. Januar 1948 legte der Senat der Bürgerschaft (Senatsmitteilung Nr. 6) den ersten Verfassungsentwurf vor. Mittlerweile war der Parlamentarische Rat berufen worden, und es erschien angezeigt, die Ergebnisse seiner Arbeit abzuwarten. Das Grundgesetz vom 23. Mai 1949 hat unsere Arbeit erleichtert, da manche grundsätzliche Fragen — vor allem die Grundrechte, Schulwesen, Verhältnis von Staat und Kirche — nunmehr bundeseinheitlich und damit auch für Hamburg geregelt waren. Andere Bestimmungen wie die über das Haushaltswesen und die über die Richteranklage konnten dem Grundgesetz angepaßt werden. Ein entsprechender Entwurf des Senats vom 19. Juli 1949 (Senatsmitteilung Nr. 170) wurde im Verfassungsausschuß der Bürgerschaft beraten, konnte aber bis zum Ablauf der Wahlperiode im Oktober 1949 nicht mehr verabschiedet werden, so daß der Senat unter Auswertung der bisherigen Beratungen und des Berichtes dieses Verfassungsausschusses (Berichterstatter Prof. Dr. W. Fischer) am

20. Januar 1950 der am 16. Oktober 1949 gewählten Bürgerschaft einen neuen Entwurf (Senatsmitteilung Nr. 16) vorlegte.

Dieser Entwurf ist in den zahlreichen Verhandlungen im Verfassungsausschuß behandelt worden, wobei als bemerkenswert hervorgehoben werden kann, daß in fast allen Punkten ohne Abstimmungen eine Einigung auf dem Wege der Aussprache erreicht worden ist. Hamburg ist vielleicht mehr als jedes andere Land traditionsgebunden und besitzt kaum Vorbilder in den Verfassungen anderer Länder. Die Verfassung der Freien Hansestadt Bremen ist vor Erlaß des Grundgesetzes verabschiedet worden und daher erheblich umfangreicher als unsere Hamburger Verfassung.

Natürlich kennt auch die Hamburger Verfassung die Trennung der Gewalten, die der Präsident des Senats, Bürgermeister Brauer, bei der zweiten Lesung der Verfassung als das Lebensgesetz jedes modernen Staates bezeichnet hat. Doch hier in diesem Stadtstaat, wo Gemeinde und Land eins sind, liegen alle Dinge näher beieinander, wie beispielsweise die nähere Berührung von Gesetzgebung und Verwaltung in den Verwaltungskörpern der Behörden, den sogenannten Deputationen. Andererseits kann der Senat durch ein aufschiebendes Veto bei der Gesetzgebung gewisse Funktionen einer ersten Kammer wahrnehmen. Das ist alte Übung in Hamburg und hat sich bewährt.

Wenngleich die neue Hamburger Verfassung sich in vielen Punkten auf altes, bewährtes Recht stützt, konnte die Bürgerschaft in ihrer Mehrheit sich doch nicht entschließen, jede alte Hamburger Gepflogenheit wieder neu in der Verfassung zu sanktionieren. So wurde die Frage der halbamtlichen Senatoren, Senatoren, die neben ihrem Amt auch noch ihren Beruf wahrnehmen durften, zu einem Streitpunkt, über den der Verfassungsausschuß sich nicht einigen konnte, sondern die Entscheidung dem Plenum überlassen mußte. Hierbei siegte doch die Meinung, daß diese Einrichtung früherer Jahrzehnte, die sich in alten geruhsamen Zeiten bewährt haben mochte, unter den heutigen politischen und wirtschaftlichen Verhältnissen nicht mehr als zweckmäßig angesehen werden könnte. So hat sich zuletzt auch der alte, zähe Kämpfer, der Abgeordnete Dr. de Chapeaurouge, der bis zur letzten Lesung mit der Verfassung in diesem Punkte nicht einverstanden war, mit der Entscheidung der Bürgerschaft abgefunden.

Eine andere Entscheidung, die der Verfassungsausschuß dem Plenum überließ, weil er selber zu keiner Einigung kommen konnte, betraf das Wahlrecht. Mit großem Nachdruck wurde insbesondere von dem Abgeordneten Büll noch die reine Verhältniswahl gefordert, während die Mehrheitswahl mit dem zuletzt in Hamburg geübten Ausgleich durch Verhältniswahllisten im Verfassungsausschuß mit Mehrheit vertreten wurde. Auch in dieser Frage wurde erst vor der Entscheidung des Plenums durch interfraktionelle Besprechungen eine Einigung dahingehend erzielt, daß zwar die Grundsätze für die Wähler, nicht aber das Wahlsystem in die Verfassung aufgenommen wurde.

Es ist verständlich, daß in den Verhandlungen des Verfassungsausschusses auch die Fragen der Wirtschaftsentwicklung eine wichtige Rolle gespielt haben: Demokratisierung der Wirtschaft, Gemeinwirtschaft, gelenkte oder private Wirtschaft waren die Probleme bei dieser Erörterung, wobei die Meinungen der Sozialpartner, deren Vertreter zu den Verhandlungen hinzugezogen waren, aufeinanderstießen. Der Senat hatte in einem Abschnitt „Wirtschaft und Arbeit“ neben einer Darstellung der unbestrittenen Aufgaben Hamburgs als Welt- und Hafenstadt in Anlehnung an Artikel 15 des Grundgesetzes für die Bundesrepublik Deutschland auch Vorschläge gemacht für die Überführung von Wirtschaftsunternehmungen in Gemeineigentum und die Mitwirkung der Arbeitnehmer in Wirtschaftsbetrieben. Diese Vorschläge waren für die Gewerkschaften — vertreten durch den Abgeordneten Steinfeldt — nicht weitgehend genug, während sie von der Gegenseite grundsätzlich abgelehnt wurden. Nach langen Beratungen, in denen besonders geltend gemacht wurde, daß in dem engen Raume Hamburgs wohl kaum große Vergesellschaftungspläne durchgeführt werden könnten und auf dem Gebiete des Wirtschafts- und Sozialrechts der Bund die Gesetzgebung bereits an sich gezogen habe und noch weiterhin an sich ziehen werde, so daß Bestimmungen in der Hamburger Verfassung kaum praktische Bedeutung, sondern nur optischen Wert haben würden, einigte man sich in den letzten interfraktionellen Verhandlungen auf eine Präambel. Sie betont die alte, aus Geschichte und Lage sich ergebende besondere Aufgabe Hamburgs gegenüber dem deutschen Volke, bekennt sich aber auch zu der politischen, sozialen und wirtschaftlichen Gleichberechtigung, die zur politischen und wirtschaftlichen Demokratie führt.

In diesem Geiste wurden auch die letzten Verhandlungen zwischen den Parteien geführt. Sie hatten das Ergebnis, daß am 4. Juni 1952 die Hamburger Verfassung fast einstimmig (gegen drei kommunistische Stimmen) angenommen wurde. Damit erledigte sich auch die Frage nach einer endgültigen Sanktion durch einen Volksentscheid.

Nun ist die Verfassung in Kraft und es gilt, sie mit lebendigem Geist zu erfüllen. Für ihre Anwendung und Auslegung ist der Wille des Gesetzgebers maßgeblich. Es ist deshalb wichtig, daß der Wille des Gesetzgebers nicht nur in der Formulierung der Verfassungsartikel klar zum Ausdruck kommt. Es darf angenommen werden, daß in dieser Verfassung Widersprüche zwischen gesetzgeberischem Willen und seinem sprachlichen Ausdruck nicht auftreten, da nach Verabschiedung des sachlichen Inhalts eine Prüfung durch juristisch und sprachlich besonders versierte Mitbürger erfolgt ist. Dennoch bedarf auch diese Verfassung, wie jede andere, einer Erläuterung und Auslegung.

Es ist deshalb erfreulich, daß zur Abfassung eines Kommentars die beiden Herren sich vereinigt haben, die dazu die besondere Eignung und Kompetenz besitzen. Senatssyndicus Dr. Wilhelm Drexelius ist als Senatsreferent der Verfasser der Senatsentwürfe und hat als Vertreter des Senats an den Sitzungen des Verfassungsausschusses entscheidend Anteil an den Ergebnissen der Beratung. Rechtsanwalt Dr. Renatus Weber hat in der letzten Wahlperiode im gleichen Ausschuß als Schriftführer und Berichterstatter hervorragend mitgewirkt.

Die Deutung der Verfassung durch diese Herren, die aus der lebendigen Mitarbeit erfolgt, erscheint mir wertvoller, als wenn später andere Juristen nur mit der Schärfe ihrer Logik ihre Auslegung mehr aus dem Buchstaben als aus dem Leben folgern.

Ich bin vor Jahren als Laienrichter im Oberverwaltungsgericht von einem hohen Richter darüber belehrt worden, daß noch wichtiger als eine richtige, eine konstante Rechtsanwendung sei. In diesem Falle bin ich der festen Überzeugung, daß die Auslegung der beiden Herren Kommentatoren die richtige ist und deshalb ihr Kommentar verdient, konstantes Recht in der Anwendung unserer Verfassung zu werden.

Die Bürgerschaft wird selbst alsbald diesen Kommentar brauchen, so bei Schaffung der Gesetze, die durch die Verfassung notwendig werden (Verfassungsgericht), und besonders bei der Neugestaltung ihrer Geschäftsordnung, die in manchen Punkten der neuen Verfassung angepaßt werden muß.

Wir können dankbar sein, daß die Verfasser gleich nach Abschluß der Verfassungsberatungen ihre Arbeit aufgenommen haben, so daß die Verfassung mit diesem Kommentar bald in die Hände aller gegeben werden kann, die in Politik, Gesetzgebung, Verwaltung und Rechtsprechung Hamburgs tätig sind oder tätig sein werden.

Es wäre zu wünschen, daß darüber hinaus die Kenntnis unserer Verfassung in immer weitere Kreise der Bevölkerung dringt, das Interesse weckt, am öffentlichen Leben teilzunehmen und so der Geist lebendig wird, der in der Präambel unserer Verfassung zum Ausdruck kommt.

Verfassung der Freien und Hansestadt Hamburg

Vom 6. Juni 1952 (GVBl. S. 117)

Die Freie und Hansestadt Hamburg hat als Welthafenstadt eine ihr durch Geschichte und Lage zugewiesene, besondere Aufgabe gegenüber dem deutschen Volke zu erfüllen. Sie will im Geiste des Friedens eine Mittlerin zwischen allen Erdteilen und Völkern der Welt sein.

Durch Förderung und Lenkung befähigt sie ihre Wirtschaft zur Erfüllung dieser Aufgaben und zur Deckung des wirtschaftlichen Bedarfs aller. Auch Freiheit des Wettbewerbs und genossenschaftliche Selbsthilfe sollen diesem Ziele dienen.

Jedermann hat die sittliche Pflicht, für das Wohl des Ganzen zu wirken. Die Allgemeinheit hilft in Fällen der Not den wirtschaftlich Schwachen und ist bestrebt, den Aufstieg der Tüchtigen zu fördern. Die Arbeitskraft steht unter dem Schutze des Staates.

Um die politische, soziale und wirtschaftliche Gleichberechtigung zu verwirklichen, verbindet sich die politische Demokratie mit den Ideen der wirtschaftlichen Demokratie.

In diesem Geiste gibt sich die Freie und Hansestadt Hamburg durch ihre Bürgerschaft diese Verfassung.

I.

Die staatlichen Grundlagen

Artikel 1

Die Freie und Hansestadt Hamburg ist ein Land der Bundesrepublik Deutschland.

1. „Freie und Hansestadt" ist die Bezeichnung, die Hamburg seit der Befreiung von der französischen Herrschaft, genau seit dem Jahre 1819, ständig geführt hat. Unter dem nationalsozialistischen Regime (Gesetz v. 26. Jan. 1937, RGBl. I S. 91) wurde der alte Name zu Gunsten von „Hansestadt Hamburg" aufgegeben. Die Verf. stellt die traditionelle Bezeichnung wieder her. Dabei bedeutet das Adjektiv „frei" das gleiche wie der folgende Satz „ist ein Land der Bundesrepublik Deutschland", d. h. die staatliche Selbständigkeit der Stadt, ihre Stadtstaatlichkeit. „Frei" im Namen bedeutet die Freiheit von einer anderen Landeshoheit. Bis in das 18. Jahrhundert hatte sich Hamburg nur als „Stadt" bezeichnet. Seine Reichsunmittelbarkeit war bis zum Gottorper Vergleich 1768, wo auch Dänemark sie anerkannte, nicht unbestritten (vgl. dazu Denkschrift von Heinrich Reincke, Historisch-politische Betrachtungen über die Reichsunmittelbarkeit der Freien und Hansestadt Hamburg, Hamburg Juli 1952, Gutachten erstattet im Auftrage des Senats). Von 1768 bis zum Jahre 1806 nannte Hamburg sich „Kaiserlich Freie Reichsstadt", seit dem Jahre 1806 „Freie Hansestadt". Damit wurde im Namen eine geschichtliche Erinnerung wieder aufgenommen. Eine ähnliche Entwicklung ist bei Bremen und bei Lübeck, das allerdings seit 1937 keine Freie Stadt mehr ist, zu beobachten.

2. Verf. 1921 bezeichnete im Art. 1 die Freie und Hansestadt Hamburg noch als „Staat" und als „Republik". Beides wurde bei den Beratungen des VerfA für selbstverständlich gehalten und daher nicht mehr in den Text der Verf. aufgenommen. Hamburg ist in seiner Geschichte niemals etwas anderes als eine Republik gewesen und daß es ein Staat ist, ergibt sich aus dem weiteren Satz „ist ein Land".

3. Vorl. Verf. von 1946 bezeichnete die Hansestadt Hamburg in Art. 1 auch als Gemeinde und bestimmte, daß sie auch die Aufgaben der „Gemeindeverbände höherer Ordnung" wahrzunehmen habe. Das war geschehen, um die Überleitung des durch das Groß-Hamburg-Gesetz geschaffenen Zustandes zu erleichtern und um sich dem damals geltenden Reichsrecht anzupassen. Hier ist bewußt darauf verzichtet worden, das Land Hamburg auch als Gemeinde zu bezeichnen. Vgl. im übrigen Art. 4.

Artikel 2

(1) Das Hoheitsgebiet der Freien und Hansestadt Hamburg umfaßt das bisherige durch Herkommen und Gesetz festgelegte Gebiet. Gebietsveränderungen bedürfen eines die Verfassung ändernden Gesetzes.

(2) Hoheitsrechte, welche die Freie und Hansestadt Hamburg außerhalb ihres Hoheitsgebietes ausübt, bleiben erhalten. Dies gilt besonders für Hoheitsrechte in Cuxhaven, im Gebiet der Elbmündung und auf der Elbe.

(3) Durch Staatsvertrag können Einrichtungen, insbesondere Behörden, geschaffen werden, die der Freien und Hansestadt Hamburg und anderen Ländern gemeinsam sind. Ebenso kann die Freie und Hansestadt Hamburg sich an solchen Einrichtungen beteiligen.

1. Das Staatsgebiet der Freien und Hansestadt Hamburg hat in der mehr als tausendjährigen Geschichte der Stadt erhebliche Veränderungen erfahren. Das Gebiet ist durch kriegerische Ereignisse und durch Verträge erweitert und wieder verkleinert worden. Die letzten wesentlichen Veränderungen des Gebietes waren der Übergang des „Amts Bergedorf" in alleinige hamburgische Verwaltung aus der bisher gemeinsamen hamburgisch-lübischen Verwaltung im Jahre 1867 und die letzte Festlegung des Gebietes durch § 1 des Gesetzes über Groß-Hamburg und andere Gebietsbereinigungen vom 26. 1. 1937 (RGBl. I S. 91). Vom Lande Preußen gingen damals auf das Land Hamburg über die Stadtkreise Altona, Wandsbek und Harburg-Wilhelmsburg, 27 Landgemeinden und einige kleinere Gebietsstücke. Hamburg verlor durch die gleiche Bestimmung die Städte Cuxhaven und Geesthacht, das Walddorf Groß-Hansdorf und Schmalenbek und die 5 weiteren Landgemeinden des Amts Ritzebüttel.

2. Durch die Vierte DVO. zum Gesetz über Groß-Hamburg und andere Gebietsbereinigungen v. 22. 3. 1937 (RGBl. I S. 335) sind Hamburg in Cuxhaven besondere Rechte zugebilligt worden, eine Art „völkerrechtlicher Servitut" (Ipsen, Von Groß-Hamburg zur Hansestadt Hamburg S. 61). Entgegen der sonstigen Regelung des Groß-Hamburg-Gesetzes ist das fiskalische Grundeigentum Hamburgs in einem näher bestimmten Raum (§ 4) hamburgisches Grundeigentum geblieben. Darüber hinaus ist in einem Gebiet, das § 5 Abs. 1 wie folgt beschreibt:

„Elbestrom von der Nordwestecke des Steubenhöfts bis zur preußisch-hamburgischen Landesgrenze bei Aktenbruch, der Grenze folgend bis zur Bahnlinie Stade-Cuxhaven, der Bahnlinie nach Nordwesten folgend bis zur Abzweigung des zum Steubenhöft führenden Gleises, diesem Gleis folgend bis zum Steg über den Eingang zum Holzhafen, alsdann dem Zollgitter westlich der Lenzstraße folgend, bis zur Nordwestecke der Hallen der Hamburg-Amerika-Linie, von dort in gerader Linie zur Nordwestecke des Steubenhöfts",

die Einführung landesrechtlicher Vorschriften auf dem Gebiete des Wasser- und Wegerechts sowie der Landesplanung an hamburgische Zustimmung gebunden. In dem gleichen Gebiet dürfen nur mit hamburgischer Zustimmung Bauten errichtet werden, die die Verwendung des

Geländes zu Hafenzwecken erschweren könnten, alle Maßnahmen auf dem Gebiet der Gewerbeaufsicht bedürfen hamburgischer Zustimmung.

Nach § 2 der Vierten DVO. sind das Wasserstraßenamt Cuxhaven und der Quarantäne-Arzt Cuxhaven hamburgische Landesbehörden geblieben. Hamburg verblieb außerdem die gesundheitliche Behandlung und Überwachung der Seeschiffe sowie ihrer Besatzungen, Reisenden, Ladungen und Einrichtungen, die Gebührenfestsetzung und -erhebung, die Schiffsvermessung, das Lotsenwesen und die Aufstellung der See- und Binnenschifferstatistik sowie der Statistik des Güterverkehrs über See in dem gleichen Gebiet, in dem das fiskalische Eigentum Hamburgs erhalten geblieben ist.

In diesem Gebiet hat Hamburg also wesentliche Hoheitsrechte, obgleich es sich zweifellos nicht um hamburgisches Gebiet handelt.

3. Der Abs. 2 ist auf Grund einer Anregung des Abg. Dr. de Chapeaurouge von dem VerfA eingefügt worden, nachdem die sachlichen Beratungen der Verf. eigentlich abgeschlossen waren. Er will die verfassungsrechtliche Grundlage vor allem für die gemeinsamen Einrichtungen mit anderen Ländern geben, wie sie früher als Hanseatisches Oberlandesgericht und als Landesversicherungsanstalt der Hansestädte mit Bremen und Lübeck und als Strafvollzugsgemeinschaft außerdem mit Braunschweig und Oldenburg gemeinsam bestanden.

4. Die Bestimmungen des Art. 29 GG über die Neugliederung des Bundesgebiets gehen dem Art. 2 als Bundesrecht vor. Unter den Voraussetzungen des Art. 29 könnten Gebietsveränderungen also auch ohne hamburgischen Gesetzgebungsakt zustande kommen. Abs. 7 Art. 29 sieht übrigens ein Bundesgesetz vor über das Verfahren bei Änderungen des Gebietsbestandes der Länder, die nicht Gegenstand der Neugliederung sind. Auch dieses Gesetz könnte abweichende Bestimmungen treffen.

Artikel 3

(1) Die Freie und Hansestadt Hamburg ist ein demokratischer und sozialer Rechtsstaat.

(2) Alle Staatsgewalt geht vom Volke aus. Sie wird nach Maßgabe der Verfassung und der Gesetze ausgeübt.

1. Abs. 1 ist eine teilweise Wiederholung des Art. 28 GG, der die Normativbestimmungen für die Landesverfassung enthält. Gleichzeitig ist er ein ausdrückliches Bekenntnis zum Rechtsstaat. Die Gewaltenteilung zwischen Gesetzgebung, Verwaltung und Rechtsprechung ist als Grundsatz nicht ausdrücklich in die Verf. aufgenommen worden. Aus der Verf. selbst ergibt sich, daß und wie die Gewalten geteilt sind.

Außerdem war die Erwägung maßgebend, daß schon zum Wesen des Rechtsstaats die Dreiteilung der Gewalten gehöre. Die unter der Verf. 1921 zeitweilig strittige Frage, ob die Bürgerschaft dem Senat übergeordnet sei in dem Sinne, daß er Staatsgewalt nur in ihrem Auftrage und nach ihren Weisungen ausübe, besteht nicht mehr (Vgl. Wulff Anm. 1 zu Art. 2 Abs. 2 und Anm. 3 zu Art. 36). Die Verf. weist der Bürgerschaft die Aufgabe der Gesetzgebung (Art. 6 Abs. 1 und Art. 48 Abs. 2), dem Senat die Aufgaben der Regierung und der Verwaltung (Art. 33 Abs. 1) und den Gerichten die Rechtsprechung (Art. 62) zu. Jeder dieser Gewaltenträger übt also aus eigenem in der Verf. begründetem und geregeltem Recht seinen Teil der Staatsgewalt aus.

2. Abs. 2 Satz 1 ist eine wörtliche Wiederholung von Art. 20 Abs. 2 Satz 1 GG. Das Volk übt die Staatsgewalt nur durch Wahlen aus, da die Verf. Volksabstimmungen nicht vorsieht. Durch einfaches Gesetz könnte jedoch über bestimmte Fragen eine Volksabstimmung vorgesehen werden, da die Verf. Volksabstimmungen nicht verbietet. Das Gesetzgebungsrecht ist jedoch durch die Verf. endgültig und allein der Bürgerschaft zugewiesen (Art. 48 Abs. 2). Auf dem Gebiete der Gesetzgebung sind danach weder Volksbegehren noch Volksentscheid zulässig.

3. Das Volk besteht aus allen in Hamburg wohnenden Deutschen. Eine besondere hamburgische Staatsangehörigkeit gibt es nicht. Sie wäre aber denkbar (vgl. Art. 74 Ziff. 8 GG). Ausüben können ihre Bürgerrechte natürlich nur die erwachsenen Angehörigen des Volks, praktisch nach den Bestimmungen des Wahlgesetzes.

Artikel 4

(1) In der Freien und Hansestadt Hamburg werden staatliche und gemeindliche Tätigkeit nicht getrennt.

(2) Durch Gesetze können für Teilgebiete Verwaltungseinheiten gebildet werden, denen die selbständige Erledigung übertragener Aufgaben obliegt.

1. Verf. 1921 bestimmte in Art. 67, daß es außer dem Lande Hamburg auch noch eine Gemeinde Hamburg gäbe, deren Gemeindeorgane Senat und Bürgerschaft wären. Daneben bestanden im Lande Hamburg drei weitere Städte — Cuxhaven, Bergedorf, Geesthacht — und 27 Landgemeinden. Diesen 30 Gemeinden war durch Art. 68 Selbstverwaltung zugesichert. Durch das Gesetz über Groß-Hamburg und andere Gebietsbereinigungen v. 26. 1. 1937 (RGBl. I S. 91) § 2 war das neu geschaffene Gebiet Groß-Hamburg zu einer Einheitsgemeinde zusammengefaßt worden. Die Verf. hat diesen Zustand im Grundsatz aufrecht erhalten.

2. Die Bildung selbständiger Gemeinden im Gebiet der Freien und Hansestadt Hamburg ist danach unzulässig. Es würde dazu einer Verfassungsänderung bedürfen. Die Verwaltungseinheiten des Abs. 2 müs-

sen **Verwaltungseinheiten** bleiben und dürfen nicht zu selbständigen Rechtspersönlichkeiten mit eigenem Vermögen, eigener Steuerhoheit und eigenem Haushaltsrecht ausgestaltet werden. Der VerfA war sich aber einig darüber, daß die Verwaltungseinheiten sowohl nach sachlichen Aufgaben wie auf gebietlicher Grundlage errichtet werden könnten. Es sollte in dem angegebenen Rahmen bewußt dem Gesetz die Einzelausgestaltung überlassen bleiben.

3. Durch Gesetz v. 21. 9. 1949 (GVBl. S. 223) sind 7 Bezirke geschaffen worden:

1. Hamburg-Mitte,
2. Altona,
3. Eimsbüttel,
4. Hamburg-Nord,
5. Wandsbek,
6. Bergedorf,
7. Harburg.

Innerhalb der Bezirke können Ortsämter eingerichtet werden (§ 4). Jeder Bezirk hat einen Bezirksausschuß als beschließendes Organ, der aus mindestens 30, höchstens 50 Bezirksverordneten und dem Bezirksleiter besteht. Die Bezirksverordneten werden auf 4 Jahre nach den Grundsätzen der Verhältniswahl gewählt (Gesetz über die Wahl der Bezirksverordneten zu den Bezirksausschüssen der Hansestadt Hamburg v. 21. 9. 1949— GVBl. S. 229). Die Wahl findet gleichzeitig mit der Wahl zur Bürgerschaft statt. Der Senat kann den Bezirken Richtlinien, Verwaltungsgrundsätze und Einzelanweisungen erteilen. Bei Verletzung kann er Beschlüsse der Bezirksausschüsse aufheben (§ 17). Für jedes Bezirksamt wird ein Ausgabe-Plan aufgestellt, in dem im Rahmen des Haushaltsplans der Freien und Hansestadt Hamburg Einnahmen und Ausgaben des Bezirksamts festgelegt sind.

Beim Senat — Amt für Bezirksverwaltung — ist ein Landesausschuß gebildet mit im wesentlichen beratender Funktion (§ 30). Dem Landesausschuß gehören an: der Senator des Amts für Bezirksverwaltung, sein Stellvertreter, ein vom Senat zu ernennender Beamter, die Bezirksleiter und je 2 von jedem Bezirksausschuß zu wählende Bezirksverordnete.

Die Bezirke haben kein eigenes Vermögen und sind gegenüber der Freien und Hansestadt Hamburg keine selbständigen Rechtspersönlichkeiten.

Artikel 5

(1) Die Landesfarben sind weiß-rot.

(2) Das Landeswappen zeigt auf rotem Schild die weiße dreitürmige Burg mit geschlossenem Tor.

(3) Die Landesflagge trägt die weiße Burg des Landeswappens auf rotem Grund.

(4) Das Gesetz bestimmt das Nähere über die Flagge und das Wappen.

1. Verf. 1921 enthielt keine Bestimmung über Flagge und Wappen, weil dies nicht für nötig erachtet wurde (Wulff, Anm. 3 zu Art. 1). Flagge und Wappen Hamburgs sind in der Geschichte keineswegs sicher und selbstverständlich bestimmt gewesen (vgl. dazu Reincke, Geschichte der hamburgischen Flagge im Hamburger Übersee-Jahrbuch 1926, S. 11—35). Auch jetzt fehlen gesetzliche Bestimmungen über das Aussehen von Flagge und Wappen. Die letzte amtliche Verlautbarung über das Aussehen der hamburgischen Flaggen und Wappen ist die Flaggentafel des Senats vom Jahre 1894 (vgl. Reincke aaO. S. 27). Im Jahre 1897 hat der Senat eine hamburgische Staatsflagge geschaffen, die ausschl. vom Senat geführt und z. Zt. nur aus der Laube des Rathauses bei besonderen Anlässen gehißt wird.

2. Auf Grund eines nicht veröffentlichten Senatsbeschlusses führen Senatoren an ihrem Kraftfahrzeug bei feierlichen Anlässen eine Standarte 25×25 cm. Sie zeigt die schwarz-rot-goldenen Bundesfarben und in der Mitte darauf die hamburgische Staatsflagge mit dem großen Wappen auf weißem Grund. Der Präsident der Bürgerschaft führt die gleiche Standarte. Die Senatssyndici führen sie in einer rechteckigen Ausführung 18×25 cm. Im täglichen Gebrauch wird eine schwarz-rot-goldene Flagge mit dem kleinen hamburgischen Wappen in der Ausführung 18×25 cm sowohl von den Senatoren wie dem Präsidenten der Bürgerschaft wie den Senatssyndici geführt.

3. Der Gebrauch des Landeswappens ist durch § 360 Ziff. 7 StGB strafrechtlich geschützt. Danach ist der unbefugte Gebrauch des Landeswappens verboten. Die Erlaubnis zur Verwendung des Landeswappens kann durch den Senat erteilt werden.

II.

Die Bürgerschaft

Artikel 6

(1) Die Bürgerschaft ist das Landesparlament.

(2) Die Bürgerschaft besteht aus mindestens 120 Abgeordneten, die in allgemeiner, gleicher, unmittelbarer und geheimer Wahl gewählt werden.

(3) Der Wahltag muß ein Sonntag oder öffentlicher Feiertag sein.

(4) Das Gesetz bestimmt das Nähere über die Zahl der Abgeordneten, das Wahlrecht, die Wählbarkeit und die Durchführung der Wahl.

(5) Niemand ist verpflichtet, die Wahl anzunehmen. Die Gewählten können jederzeit aus der Bürgerschaft ausscheiden.

1. Die Bürgerschaft ist der Landtag; sie nimmt gleichzeitig diejenigen Aufgaben wahr, die in anderen Ländern den Gemeindevertretungen obliegen.

Der Name entspricht der historischen Entwicklung in den drei freien Städten. Gegenüber dem Rat hat sich im 16. Jahrh. die Erbgesessene Bürgerschaft, universitas civium, die Mitwirkung an den Staatsgeschäften gesichert. Der jetzige Name beruht auf dem VerfEntwurf der 1848 gewählten Konstituante und wurde Bestandteil der Verf. 1860.

2. Die Wahl der Bürgerschaft gemäß Abs. 2 ist durch Art. 28 GG, der die verfassungsmäßige Ordnung der Länder insoweit bindend vorschreibt, bereits geregelt. Vorschläge, die ein „Mischparlament" mit einer Anzahl von Sitzen für bestimmte ständische Gruppen (Kammern, Berufsvereinigungen, Gerichte, Universitäten, Kirchen, Gewerkschaften) vorsahen, entfielen nach Erlaß des GG. Das Wahlsystem — Mehrheitswahlrecht, Verhältniswahlrecht in ihren verschiedenen Formen oder aber ein gemischtes Wahlrecht — bleibt der Regelung durch das Land überlassen.

3. Während die Entwürfe die Zahl der Abg. noch dem Wahlgesetz überlassen wollten, hat sich die Bürgerschaft doch entschlossen, in Anbetracht der Bedeutung eine Mindestzahl in der Verf. festzulegen. Die Zahl von 160 Mitgliedern (Verf 1860, 1879, 1921) erschien zu hoch.

4. Wenn die Verf. das Wahlgesetz zur Regelung der Einzelheiten ermächtigt, so folgt sie damit anderen Verf. Auch die in der Verf 1921 Art. 4, 5, 6 befindlichen Einzelheiten über Wählbarkeit (vgl. Bem. 1 zu Art. 8) sind der Bestimmung durch das Wahlgesetz überlassen. Das hamburgische Wahlrecht darf die bundesverfassungsrechtlichen Grundsätze der Wahlrechtsgleichheit des allgemeinen Wahlrechtes, sowie der geheimen Wahl nicht verletzen.

Die Grenzen sind oft nicht einfach zu bestimmen. Hamb. Wahlgesetz vom 27. Juni 1927 (GVBl. S. 313) hatte zur Einreichung von neuen Wahlvorschlägen für den ersten Wahlkreis (Hamburg-Stadt) 3000, für den zweiten (Hamburg-Land) 1000 Unterschriften gefordert, gegenüber 30 der bereits in der Bürgerschaft vertretenen Parteien. Außerdem waren 2000,— RM zu hinterlegen, die bei Nichtgewinn auch nur eines einzigen Sitzes verfielen (englische Regelung). Der angerufene Staatsgerichtshof für das Deutsche Reich hat am 17. Dez. 1927 entschieden (vgl. Wulff Bem. 1 zu § 13 BürgerschWahlges.), daß dadurch verletzt seien

a) das Prinzip der Gleichheit, da es nicht angängig sei, aussichtslose Wahlvorschläge oder solche Wahlvorschläge, auf die wahrscheinlich nur ein oder wenige Abgeordnetensitze entfallen, anderen Bedingungen zu unterwerfen, als die aussichtsreicheren und für das politische Leben wichtigeren Wahlvorschläge der großen Parteien;

b) der Grundsatz der Allgemeinheit, da die Zahl der Unterschriften nicht höher bemessen werden dürfe, als es zur Sicherstellung der Ernstlichkeit der Wahlvorschläge erforderlich sei, wobei die im Reichswahlgesetz verlangte Zahl von 500 Unterschriften für Kreiswahlvorschläge als die äußerste überhaupt zulässige Grenze zu erachten sei. Endlich schließe der Grundsatz der Allgemeinheit es aus, „die Ausübung des Wahlrechts, des höchsten staatsbürgerlichen Rechts, irgendwie von einer vermögensrechtlichen Leistung abhängig zu machen";

c) der Grundsatz der geheimen Wahl, der nämlich erfordere, daß der mit der Unterschreibung der Wahlvorschläge verbundene, bei der Listenwahl nicht völlig zu vermeidende Verzicht auf das Wahlgeheimnis nur einer möglichst geringen Personenzahl zugemutet werden solle.

Der Grundsatz der Wahlrechtsgleichheit verlangt bei der Mehrheitswahl nur gleichen Zählwert, bei der Verhältniswahl und bei dem Verhältnisausgleich (Landesliste) des Hamburger Misch-Wahlsystems auch gleichen Erfolgswert der Stimmen, wobei nach dem Urteil des BVerfGer v. 5. April 1952 in Sachen des Südschleswigschen Wählerverbandes (JurZ 52 S. 366) Ausnahmen aus besonderen zwingenden Gründen zulässig sind. Ein solcher Grund ist nach dem BVerfGer die staatspolitische Gefahr, der eine Demokratie durch das Auftreten von Splitterparteien, also von Parteien mit geringer Stimmenzahl ohne örtlichen Schwerpunkt, ausgesetzt ist. Wahlgesetze können daher auch Bestimmungen darüber enthalten, daß Landeslisten, die weniger als 5 % der abgegebenen Stimmen erhalten, unberücksichtigt bleiben. Es müssen nach dem BVerfGer „besondere Umstände des Einzelfalles" vorliegen, die ein Quorum von 5 % unzulässig machen; es müssen ganz besondere zwingende Gründe gegeben sein, um eine Erhöhung des Quorums über den „gemeindeutschen Satz von 5 % zu rechtfertigen (ebenso Bayer.-VerfGerH v. 18. März 1952, BayerGVBl. S. 155, bzgl. des bayer. Landeswahlrechts, nicht aber bzgl. des bayer. GemeindewahlGes. v. 16. Febr. 1952).

5. Das hamburgische Wahlrecht ist ein durch Verhältnisausgleich abgewandeltes Mehrheitswahlrecht. $^3/_5$ der Abgeordneten werden in Wahlkreisen nach dem Grundsatz der relativen Mehrheitswahl gewählt, $^2/_5$ nach dem Grundsatz der Verhältniswahl auf der Landesliste.

Das von 1919 bis 1933 im Reich und in Hamburg geltende Verhältniswahlrecht ist nicht wieder eingeführt worden, da die durch dieses Wahlrecht begünstigte Zersplitterung des politischen Lebens mit zur Untergrabung der Weimarer Demokratie geführt hat (vgl. F. A. Hermens, Demokratie oder Anarchie, Untersuchung über die Verhältniswahl, Frankfurt 1951, S. 161 ff.).

6. Abs. 5 entspricht Art. 7 Verf 1921. In Art. 34 Verf 1879 war Verpflichtung zur Annahme der Wahl ausgesprochen. Mit Recht ist bereits

Verf 1921 davon ausgegangen, daß über die erforderliche Berufung für die verantwortungsvolle und schwierige Tätigkeit der Gesetzgebung nur der Betroffene allein entscheiden darf (Wulff Bem. 1 zu Art. 7).

Artikel 7

Die Abgeordneten sind Vertreter des ganzen Volkes. Sie sind nur ihrem Gewissen unterworfen und an Aufträge nicht gebunden.

1. Wörtlich gleichlautend Art. 8 Verf 1921, Art. 21 WeimRV; ebenso Art. 38 GG.

Die Vorschrift legt das freie Mandat im Gegensatz zum imperativen Mandat fest. Der Abg. vertritt nicht eine Partei oder eine wirtschaftliche, soziale oder sonstige Gruppe, auch nicht seinen Wahlkreis. Er hat das Wohl Hamburgs über sonstige Interessen zu stellen, er ist staatsrechtlich betrachtet Organ der Freien und Hansestadt Hamburg (vgl. Anschütz Bem. 2 zu Art. 21).

2. Der Abg. ist daher weder an Aufträge seiner Wählerschaft, seiner Partei, seiner Fraktion gebunden. Rechtsgeschäftliche Verpflichtungen solcher Art wären als gegen ein gesetzliches Verbot verstoßend (BGB § 134) nichtig. Eine Blanko-Unterschrift, eine der aufstellenden Partei gegenüber abgegebene Erklärung, unter bestimmten Umständen das Mandat niederzulegen, sind nichtig, „ein im voraus erklärter Verzicht ist unwirksam" (so G. Kaisenberg, Die Wahl zum Reichstag, Berlin 1928, S. 40, vgl. Morstein-Marx, Rechtswirklichkeit und freies Mandat, Arch. öff. R. N. F. Bd. 11 S. 430ff.). Jeder Versuch, einen Fraktionszwang mit solchen Mitteln durchzusetzen, ist daher unzulässig. Inwieweit ein Abg. im Interesse des Gesamtwohls seine eigene Auffassung bei einer Beratung oder Abstimmung zurückstellt, ist Angelegenheit seines Gewissens.

Die parlamentarische Praxis geht ja auch davon aus, daß ein Abg. gewisse berufliche, regionale oder parteiliche Interessen vertritt. Die verfassungsmäßige Regelung hebt aber den Abg. aus der Interessensphäre heraus und gibt ihm die unabhängige Stellung, die allein ihn befähigt abzuwägen, ob er in einem bestimmten Fall zum Wohle des Landes nicht diese Interessen außer Acht lassen muß.

3. Aus dem Grundsatz des freien Mandats ergibt sich, daß ein Abg. nicht ausscheidet, wenn er aus seiner Partei oder Fraktion ausgeschlossen wird. Er behält auch sein Mandat, wenn die Partei, die ihn aufgestellt hat, sich auflöst, verliert es dagegen, wenn sie verboten wird (Urteil des BVerfGer. vom 23. Okt. 1952 (SRP), a. A. Württ. Staatsgerichtshof v. 3. Mai 1926 in v. Pistorius, Arch. öff. R. N. F. Bd. 11, 424ff.).

Artikel 8

Ein Abgeordneter, der seine Wählbarkeit verliert, scheidet aus der Bürgerschaft aus.

1. Ebenso Art. 11 Abs. 1 Verf 1921, Art. 42 Verf 1879. Die Wählbarkeit ist im Wahlgesetz geregelt. Der Fall des Art. 8 tritt ein, wenn der Abg. die deutsche Staatsangehörigkeit verliert, seinen Wohnsitz oder ständigen Aufenthalt in außerhamburgisches Gebiet verlegt oder wenn er als Berufsbeamter mit Hoheitsbefugnissen in hamburgische Dienste tritt, außerdem in den Fällen der Entmündigung, Verlust der bürgerl. Ehrenrechte usw.

Nach dem ersten Gesetz zur Durchführung des Ges. über die Wahl zur hamb. Bürgerschaft v. 14. Okt. 1949 (GVBl. S. 251) liegt die Ausübung von Hoheitsbefugnissen nur dann vor, „wenn die Betätigung staatlicher Zwangs- und Befehlsgewalt zum eigentümlichen, regelmäßigen Aufgabenbereich des Beamten gehört; hierunter fällt nicht die sonstige Tätigkeit im Rahmen der öffentlichen Verwaltung, wie sie insbesondere von Hochschullehrern, Lehrern, Bibliothekaren, Apothekern, Fürsorgern, Pflegern und Beamten der Sozialversicherung wahrgenommen wird".

2. Der Abg. hat nicht auszuscheiden, sondern scheidet kraft Art. 8 im selben Augenblick aus, in dem er die Wählbarkeit verliert; der Zeitpunkt der Kenntnisnahme durch die Bürgerschaft ist unbeachtlich.

Artikel 9

(1) Die Bürgerschaft entscheidet über die Gültigkeit der Wahl und befindet darüber, ob ein Abgeordneter die Mitgliedschaft verloren hat.

(2) Gegen die Entscheidung kann der Betroffene das Hamburgische Verfassungsgericht anrufen. Das Gesetz bestimmt das Nähere.

1. Der VerfA hat erörtert, ob ein besonderes Wahlprüfungsgericht, wie es für den Reichstag der Weimarer Republik bestand, aufgenommen werden sollte. Er hat sich jedoch in seiner Mehrheit gegen die Schaffung einer neuen Instanz ausgesprochen und für die vorliegende Regelung entschieden, die inhaltlich auch dem Art. 41 GG entspricht. Bereits die Verf 1921 kannte kein Wahlprüfungsgericht und überließ die Entscheidung über die Gültigkeit der Wahlen in ihrem Art. 12 der Bürgerschaft.

2. Ein Abg. verliert die Mitgliedschaft bei Ungültigkeitserklärung der Wahl (und zwar entweder infolge eines Fehlers in der Wahlhandlung oder weil die Wählbarkeit nicht vorlag), bei Verlust der Wählbarkeit (Art. 8), beim Tode oder bei Niederlegung des Mandats, die dem Präsidenten der Bürgerschaft gegenüber auszusprechen ist.

Artikel 10

(1) Die Bürgerschaft wird auf vier Jahre gewählt. Ihre Wahlperiode endet vier Jahre nach dem ersten Zusammentritt oder mit ihrer Auflösung.

(2) Die Bürgerschaft wird vor dem Ende der laufenden Wahlperiode neu gewählt.

1. Um eine gewisse politische Stabilität zu gewährleisten, ist die Legislaturperiode entsprechend dem GG und der WeimRV auf vier Jahre festgelegt. Art. 13 Verf 1921 sah drei Jahre vor, Verf 1879 sechs Jahre.

2. Die Wahlperiode ist in Hamburg zugleich Sitzungsperiode (so auch HansOLG in HansRZ 1924 Sp. 706 bez. Bremen). Sie beginnt mit dem Zusammentritt der neugewählten Bürgerschaft.

3. Die Auflösung der Bürgerschaft vor Ablauf der Wahlperiode kann erfolgen

a) durch Selbstauflösung (Art. 11 und 36 Abs. 1), ein Recht, daß der Bundestag z. B. nicht hat.

b) durch den Senat (Art. 36 Abs. 1).

Artikel 11

(1) Die Bürgerschaft kann ihre Auflösung beschließen. Der Antrag muß von wenigstens einem Viertel der Abgeordneten gestellt und mindestens zwei Wochen vor der Sitzung, auf deren Tagesordnung er gebracht wird, allen Abgeordneten und dem Senat mitgeteilt werden. Der Beschluß bedarf der Zustimmung der Mehrheit der gesetzlichen Mitgliederzahl.

(2) Hat die Bürgerschaft ihre Auflösung beschlossen, so finden innerhalb von sechzig Tagen Neuwahlen statt.

1. Während nach der WeimRV das Recht zur Auflösung des Parlaments nur dem Reichspräsidenten (Art. 25) gegeben war und im GG nur dem Bundespräsidenten (Art. 58, 63, 68) zusteht, hat der VerfA aus der Verf 1921 (Art. 14) das Selbstauflösungsrecht der Bürgerschaft übernommen. Die Bürgerschaft wird hiervon vermutlich Gebrauch machen, wenn sie keine arbeitsfähige Mehrheit und keinen arbeitsfähigen Senat zu bilden vermag. — Art. 14 Verf 1921 bestimmte, daß der Antrag auf Selbstauflösung mindestens eine Woche vor der Sitzung mitgeteilt werden muß. In dem Bestreben, übereilte Beschlüsse zu verhindern, wurde im VerfA zunächst die Einführung einer zweiten Lesung des Auflösungsbeschlusses angeregt; die Mehrheit des Ausschusses hielt jedoch eine Verlängerung der Frist von einer auf zwei Wochen für ausreichend.

2. Die Verf 1921 gab dem Senat kein Auflösungsrecht. Der VerfA hat demgegenüber ein beschränktes Auflösungsrecht des Senats in Art. 36 Abs. 1 Satz 2 vorgesehen. Diese Regelung ergab sich daraus, daß das „konstruktive Mißtrauensvotum", das der Verf 1921 fremd war, nach dem Vorbild des GG in die neue hamburgische Verfassung übernommen ist.

Artikel 12

(1) Der Senat hat rechtzeitig die Wahlen auszuschreiben. Die erste Sitzung muß in den ersten drei Wochen nach der Wahl stattfinden; sie ist von dem Präsidenten der bisherigen Bürgerschaft einzuberufen.

(2) Die alte Bürgerschaft führt die Geschäfte bis zur ersten Sitzung der neuen Bürgerschaft weiter.

Die Bestimmung übernimmt in Grundzügen die Regelung des Art. 15 Verf 1921. Die Bürgerschaft wird jedoch nicht durch den Senat, sondern durch den Präsidenten der bisherigen Bürgerschaft einberufen. Vorsteher der neuen Bürgerschaft ist kraft Herkommens vom Augenblick ihres Zusammentritts an ihr Alterspräsident.

Artikel 13

(1) Die Abgeordneten üben ihre Tätigkeit ehrenamtlich aus. Sie erhalten eine angemessene Aufwandsentschädigung, deren Höhe das Gesetz bestimmt.

(2) Ein Abgeordneter kann durch Beschluß der Bürgerschaft ausgeschlossen werden, wenn er

1. sein Amt mißbraucht, um sich oder anderen persönliche Vorteile zu verschaffen oder

2. seine Pflichten als Abgeordneter aus eigennützigen Gründen gröblich vernachlässigt oder

3. der Pflicht zur Verschwiegenheit gröblich zuwiderhandelt.

Der Beschluß bedarf der Zustimmung einer Mehrheit von drei Vierteln der gesetzlichen Mitgliederzahl. Artikel 9 Absatz 2 findet keine Anwendung

(3) Die Geschäftsordnung der Bürgerschaft kann vorsehen, daß ein Abgeordneter bei grober Ungebühr oder wiederholtem Zuwiderhandeln gegen Vorschriften zur Aufrechterhaltung der Ordnung von einer oder mehreren, höchstens von drei Sitzungen ausgeschlossen werden kann.

1. Abs. 1 übernimmt die allgemeinem Parlamentsbrauche entsprechende Regelung des Art. 16 Verf. 1921. Das Gesetz über die Aufwandsentschädigung für die Abg. zur Hamburger Bürgerschaft v. 12. Nov.

1946 (mit Änderung v. 28. April 1949, GVBl. S. 69) setzt die monatliche Aufwandsentschädigung auf DM 150,— fest.

2. Das „Selbstreinigungsrecht der Bürgerschaft" geht auf eine Anregung des VerfA der 1946 gewählten Bürgerschaft zurück; es findet sich daher zuerst im SenE, der als Senatsmitteilung Nr. 16 am 20. Jan. 1950 der Bürgerschaft zugeleitet wurde. Die jetzige Fassung stellt klar, daß sich die Maßnahme nur gegen Abg. richten kann, die aus eigennützigen Gründen ihren Abgeordnetenpflichten zuwiderhandeln oder die ihre Verschwiegenheitspflicht verletzen.

Der VerfA hat erörtert, ob dem Abg. das ihm vom Volk verliehene Mandat durch die Bürgerschaft entzogen werden kann; der VerfA hat sich jedoch auf den Standpunkt gestellt, daß unter besonderen Voraussetzungen eine solche Selbstreinigung des Parlaments (Schultz in MDR 1952, S. 469: „Selbstkontrolle") zulässig und erforderlich sei, auch zweifellos dem Willen der Wählerschaft entspreche.

Schultz aaO. erklärt, daß die Hamb. Verf. „zum Ausgangspunkt einer modernen, auf die Dauer notwendigen Entwicklung des Verfassungsrechts" werden kann, „die auf eine Art von Ehrengerichtsbarkeit für Parlamentarier hinauslaufen müßte". Dem kann in vollem Umfange gefolgt werden.

3. Die Bürgerschaft wird die Prüfung der erhobenen Vorwürfe einem Ausschuß überlassen müssen, wobei es erforderlich sein könnte, dem Ausschuß die Rechte eines parlamentarischen Untersuchungsausschusses (Art. 25) beizulegen.

Artikel 14

(1) Niemand darf zu irgendeiner Zeit wegen seiner Abstimmung oder einer Äußerung, die er als Abgeordneter in der Bürgerschaft oder einem ihrer Ausschüsse getan hat, gerichtlich oder dienstlich verfolgt oder sonst außerhalb der Versammlung zur Verantwortung gezogen werden.

(2) Verleumderische Beleidigungen können mit Genehmigung der Bürgerschaft verfolgt werden.

1. „Unter parlamentarischer Immunität ist die Gesamtheit der Wirkungen einer Reihe von Sätzen zu verstehen, die den Mitgliedern parlamentarischer Körperschaften gegen die Rechtsfolgen ihrer Äußerungen und Handlungen einen besonderen Schutz gewährt". Mit diesem Satz beginnen die sehr beachtenswerten Grundsätze des Deutschen Bundestages in Immunitätsangelegenheiten (nach dem Bericht des Mitberichterstatters, Abg. Dr. Mende vom 6. Dez. 1951, abgedruckt in Ritzel und Koch „Geschäftsordnung des Deutschen Bundestages", Frankfurt a. M., 1952).

Diese Grundsätze des Deutschen Bundestages, die das deutsche Immunitätsrecht zusammenstellen und die gegenwärtige Praxis des Bundestages kodifizieren, werden auch für die Ausgestaltung des Immunitätsrechts der Länder von Bedeutung sein. Die angeführte Definition der Immunität in weiterem Sinne umfaßt

a) die parlamentarische Redefreiheit oder Indemnität (Art. 14),
b) die Immunität im engeren Sinn oder Unverletzlichkeit des Parlamentsmitgliedes (Art. 15),
c) das Zeugnisverweigerungsrecht und die Sonderstellung des Abg. bei Durchsuchung und Beschlagnahme von Schriftstücken (Art. 17)

2. Das Recht der parlamentarischen Redefreiheit, nach dem Sprachgebrauch des Parlamentarischen Rates die Indemnität (Bonner Kom. Bem. II, Ia zu Art. 46, Giese zu Art. 46) ist seit langem deutsches VerfR.

Ursprünglich im englischen VerfR entwickelt, Bill of Rights 1689 (Hubrich, Die parlamentarische Redefreiheit und Disziplin Berlin 1899 S. 15ff). RVerf. 1871 Art. 30 für Mitgl. d. Reichstags, § 11 StGB für Mitgl. der Landtage und damit auch der Hamb. Bürgerschaft, WeimRV Art. 36, GG Art. 46 Abs. 1, Hamb. Ges. über die vorläufige Regelung der Immunität ect., v. 4. Jan. 1950 (GVBl. 50 S. 1).

Es wird Aufgabe der Bürgerschaft sein, dieses Recht zu wahren und durch die Organe einen Mißbrauch zu verhüten.

3. Während der SenE in Anlehnung an Art. 36 WeimRV noch die Fassung hatte, „in Ausübung seiner Abgeordnetentätigkeit getanen Äußerungen", hielt der VerfA eine schärfere Begrenzung in Anlehnung an Art. 46 Abs. 1 GG für notwendig. Die Streitfrage, ob Reden eines Abgeordneten vor seinen Wählern oder Äußerungen innerhalb der Parteiorganisation unter die Bestimmung fallen (Anschütz Bem. 2 zu Art. 36) kann nicht mehr auftreten. „In der Bürgerschaft" bedeutet aber auch innerhalb deren Vorstand, Ältestenrat, innerhalb sonstiger von der Bürgerschaft oder in deren Auftrag wahrgenommener Veranstaltungen, innerhalb der Fraktionen, bei Verhandlungen zwischen Fraktionen („da die Fraktionen nach der Geschäftsordnung organische Gliederungen des Parlaments sind, und mithin ihre Sitzungen keinen privaten oder parteilichen, sondern amtlichen Charakter tragen", so die Grundsätze des Deutschen Bundestages unter Berufung auf die fast einstimmige Ansicht der deutschen Staatsrechtsliteratur), kurzum bei jeglicher Tätigkeit innerhalb des Parlaments, nicht jedoch die sonstige politische Tätigkeit eines Abg., etwa bei Sprechstunden in seinem Wahlkreis.

4. Gedeckt sind die Abstimmungen und Äußerungen, also Meinungsäußerungen und Behauptungen von Tatsachen, mündlich, schriftlich oder durch schlüssige Handlungen (Anschütz aaO., Anm. 2), nicht jedoch Tätlichkeiten (RGSt Bd. 47 S. 276). Verleumderische Beleidigun-

gen schützt Art. 46 Abs. 1 GG nicht mehr. Durch die abweichende hamb. Regelung ist es Sache der Bürgerschaft zu entscheiden,

a) ob nach ihrer Ansicht eine verleumderische Beleidigung vorliegt,
b) bejahendenfalls, ob sie verfolgbar sein soll.

5. Art. 14 schützt gegenüber der hamb. Staatsgewalt, insbesondere auch gegen disziplinare Maßnahmen des Senats, aber auch der Körperschaften öffentlichen Rechts, wie Rechtsanwalts- oder Notarkammer sowie gegen Verfahren vor den Zivilgerichten. Letzteres war schon früher (Anschütz Anm. 1 S. 229) herrschende Meinung.

Die Befugnisse der Präsidenten der Bürgerschaft entsprechend der Verf. und GeschO werden durch Art. 14 nicht berührt.

Soweit es im Bereich der staatlichen Stellen liegt (etwa bei gemischtwirtschaftl. Betrieben), dürfte eine Verpflichtung des Senats bestehen, sich für dieses Parlamentsrecht einzusetzen; notfalls wird dies die Bürgerschaft zu veranlassen haben.

6. Art. 14 schützt nicht gegen außerhalb des Staatsrechts stehende Mächte, verbietet also nicht Ausschluß aus einer Partei, Dienstentlassung gesellschaftlichen Boykott (so mit Recht Anschütz Bem. 2 zu Art. 36).

7. Art. 14 stellt einen persönlichen Strafschließungsgrund dar — so im Anschluß an die überwiegende Ansicht der deutschen Staatsrechtslehre der einstimmige Beschluß des Deutschen Bundestages auf den Bericht des Abg. Dr. v. Merkatz, Prot. v. 3. Nov. 1949 S. 332. Zivilrechtlich ist der Abg. insoweit der hamb. Gerichtsbarkeit entzogen; ein ergangenes Urteil etwa auf Schadensersatz, wäre zwar kein „nullum", jedoch nicht vollstreckbar; es muß durch Anfechtung aufgehoben werden.

Auch nach Beendigung der Wahlperiode oder nach Ausscheiden aus der Bürgerschaft besteht der Schutz weiter, selbstverständlich nur bezüglich der früheren Tätigkeit als Abgeordneter.

Artikel 15

(1) Kein Abgeordneter darf ohne Genehmigung der Bürgerschaft während der Dauer des Mandats wegen einer mit Strafe bedrohten Handlung zur Untersuchung gezogen oder verhaftet werden, es sei denn, daß der Abgeordnete bei Ausübung der Tat oder spätestens im Laufe des folgenden Tages festgenommen worden ist.

(2) Eine Genehmigung der Bürgerschaft ist ferner bei jeder anderen Beschränkung der persönlichen Freiheit, welche die Ausübung der Abgeordnetentätigkeit beeinträchtigt, oder zur Einleitung eines Verfahrens ge-

mäß Artikel 18 des Grundgesetzes für die Bundesrepublik Deutschland erforderlich.

(3) Jedes Strafverfahren und jedes Verfahren gemäß Artikel 18 des Grundgesetzes für die Bundesrepublik Deutschland gegen einen Abgeordneten und jede Haft oder sonstige Beschränkung seiner persönlichen Freiheit werden auf Verlangen der Bürgerschaft für die Dauer des Mandats aufgehoben.

1. Die Immunität oder die Verfolgungsfreiheit hat ihren Ursprung in einem durch Robespierre erwirkten Beschluß der franz. Nationalversammlung v. 26. Juni 1790, mit dem die gerichtliche Verfolgung des Abg. Lautrec bis zur Entscheidung der Nationalversammlung aufgeschoben wurde. Sie fand über Art. 45 belgische Verf. 1831 den Weg in die deutschen Verfassungen, insbesondere RVerf. 1871 Art. 31, der jedoch nur für RTagsAbg. galt. Die Hamb. Bürgerschaft kannte auch unter den Verf. 1860 u. 1879 das Immunitätsrecht für ihre Abg. nicht, es wurde in Hamburg zuerst durch WeimRV Art. 37 eingeführt, der auch für LandtagsAbg. galt und daher eine Regelung der Verfolgungsfreiheit in der Hamb. Verf. 1921 ausschloß. Diese Bestimmung trat mit dem GG außer Kraft, so daß das Hamb. Immunitätsgesetz v. 4. Jan. 1950 (GVBl. S. 1) die Lücke bis zum Inkrafttreten der Verf. ausfüllte und zugleich die ersten hamb. Normen auf diesem Gebiet darstellte. Art. 15 übernimmt im wesentlichen die Regelung des Art. 46 Abs. 2 — 4 GG.

2. Die Immunität ist ein Recht des Parlaments, nicht etwa ein subjektives öff. Recht des einzelnen Abg., der daher nicht etwa von sich aus darauf verzichten kann (so mit der herrsch. M. die Grundsätze des Deutschen Bundestags, vgl. auch Bockelmann, Die Unverletzbarkeit der Abg. nach deutschem Immunitätsrecht, Göttingen 1951, S. 25). Sie ist in der Verf. entsprechend der dem Lande Hamburg zustehenden Verfassungsgewalt wie in sämtlichen deutschen Landesverfassungen geregelt.

Die Genehmigung ist ein Beschluß der Bürgerschaft gemäß Art. 19, der eines Antrages bedarf. Antragsberechtigung regelt die GeschO der Bürgerschaft.

3. Ob die Bürgerschaft die Immunität aufhebt oder nicht, entscheidet sie nach eigenem, nicht nachprüfbarem (so mit Recht Bockelmann aaO. S. 24 und Bem. 38 a. M. Bayr. VerfGerH v. 28. Juni 1948 in Verw. Rspr. 1 135, Herlan, MDR 1950 S. 521. Giese Bem. 6 zu Art. 46) Ermessen. Die Bürgerschaft pflegt einen Antrag ihrem GeschOAussch. zu überweisen, der an Hand der ihm vorgelegten oder von ihm angeforderten Unterlagen prüft und bei der Bürgerschaft beantragt, dem Begehren zu entsprechen oder es abzulehnen. Das Recht auf Auskunft oder Vorlage von Akten regelt sich nach Art. 32; weigert sich jedoch der Antragsteller, die vom GeschOAussch. für notwendig gehaltenen Unterlagen vorzulegen, so muß er gegebenenfalls die Ablehnung seines Antrages in Kauf nehmen. Die Prüfung des Antrages kann sich sowohl auf die Art des

Deliktes wie insbesondere darauf beziehen, ob dringender Tatverdacht vorliegt (2. Bericht des GeschOAussch. [1951] im Falle Dettmann). Der ständige GeschOAussch. der Bürgerschaft hat in den Jahren 1922 und 1928 Richtlinien aufgestellt, die im wesentlichen den Grundsätzen des Deutschen Bundestages und auch der jetzigen Praxis entsprechen, nämlich:

„1. Die Immunität ist regelmäßig aufrechtzuerhalten bei politischen Vergehen.

2. Die Immunität ist regelmäßig insoweit aufrechtzuerhalten, daß der Abg. mit der Untersuchungshaft verschont bleibt.

3. Die Immunität ist stets aufzuheben, wenn der Abg. einer gemeinen Straftat beschuldigt wird.

4. Die Immunität ist regelmäßig aufzuheben, wenn ein erhebliches, auf andere Weise nicht zu wahrendes Interesse eines Verletzten es verlangt.

5. Die Immunität ist regelmäßig aufzuheben, wenn die preßgesetzliche Verantwortung es erfordert.

In allen Fällen ist darauf Rücksicht zu nehmen, daß die Ausführung des Verfahrens den Abg. an der Ausübung seines Mandats nicht hindert und der Würde des Hauses nicht widerspricht."

In der Praxis werden jedoch auch Ausnahmen von den aufgestellten Regeln vorkommen. Bez. Ziffer 5 vgl. z. B. AusschBer. 1925 Nr. 1 und 8, was ein „politisches Vergehen" ist, war häufig streitig (vgl. Wulff Bem. 5 zu Art. 8). Auch ohne Erfüllung des Tatbestandes des Art. 18 GG wird Ziffer 1 der Richtlinien dahin zu ergänzen sein, daß die Immunität bei solchen Vergehen aufgehoben wird, die sich in ihrem Kern gegen die verfassungsmäßige Ordnung in Bund und Ländern richten. Die Verfassung schützt nicht denjenigen, der sie bekämpft.

Artikel 16

Wahrheitsgetreue Berichte über die Verhandlungen in den öffentlichen Sitzungen der Bürgerschaft oder eines anderen deutschen Landtages bleiben von jeder Verantwortlichkeit frei.

1. Die Regelung entspricht Art. 30 WeimRV und Art 42 Abs. 3 GG. In der Verf. 1921 fehlte eine entsprechende Regelung, da Art. 30 WeimRV die Landtage mit umfaßte.

Die hamburgische Regelung umfaßt nur die Verhandlungen der Bürgerschaft selbst, nicht die eines etwa öffentlich tagenden Ausschusses.

2. Es ist ein Parlamentsprivileg, kein Presseprivileg (so Hatschek Bd. 1 S. 587, Anschütz Bem. 2 zu Art. 30) und schützt gegenüber der strafrechtlichen (einschließlich §§ 15—18 des Pressegesetzes) sowie dienststrafrechtlichen und zivilrechtlichen Verfolgung. Nach der Definition des Reichsgerichts (RGSt. Bd. 18 S. 207) ist ein Bericht „die erzählende Darstellung eines historischen Vorganges in seinem wesent-

lichen Verlauf"; nach Anschütz (Bem. 3 zu Art. 30) ist begriffswesentlich die Objektivität, das Zeichnen, nicht das Färben. Vermischung mit „subjektiven Zutaten", insbesondere Werturteilen, nimmt den Charakter als Bericht. Wahrheitsgetreu heißt nicht wortgetreu.

Artikel 17

Die Abgeordneten sind berechtigt, über Personen, die ihnen in ihrer Eigenschaft als Abgeordnete oder denen sie in dieser Eigenschaft Tatsachen anvertraut haben, sowie über diese Tatsachen selbst das Zeugnis zu verweigern. So weit dieses Zeugnisverweigerungsrecht reicht, ist die Beschlagnahme von Schriftstücken unzulässig.

Das „privilegierte Zeugnisverweigerungsrecht" für Abg., ein Teil des parlamentarischen Immunitätsrechtes (vgl. Bem. 1 zu Art. 14), findet sich erstmalig in der WeimRV Art. 38 und umfaßte auch die Abg. der Bürgerschaft (vgl. dazu im einzelnen Anschütz Bem. 1). Art. 47 GG bezieht sich nur auf Bundestagsabgeordnete.

Zweck der Vorschrift ist, das zwischen einem Abg. und Dritten bestehende Vertrauensverhältnis zu schützen. Ob es sich um anvertraute Tatsachen handelt, entscheidet das Gericht (so Grundsätze des Bundestags, Anschütz Bem. 4 zu Art. 38), nicht der Abg. selbst (wie es die Ansicht des GeschOAussch des Reichstags war).

Artikel 18

(1) Die Bürgerschaft wählt ihren Präsidenten, die Vizepräsidenten und den übrigen Vorstand. Sie gibt sich eine Geschäftsordnung.

(2) Der Präsident übt das Hausrecht und die Polizeigewalt in den von der Bürgerschaft benutzten Räumen aus; ihm untersteht die Bürgerschaftskanzlei. Er verfügt nach Maßgabe des Haushaltsplanes (Artikel 66) über Einnahmen und Ausgaben der Bürgerschaft und vertritt die Freie und Hansestadt Hamburg in allen Rechtsgeschäften und Rechtsstreitigkeiten der Bürgerschaft. Abweichend von Artikel 45 Absatz 1 ernennt und entläßt der Präsident die Beamten der Bürgerschaft.

(3) Eine Durchsuchung oder Beschlagnahme in den Räumen der Bürgerschaft darf nur mit Einwilligung des Präsidenten vorgenommen werden.

1. Der Vorstand der Bürgerschaft besteht aus dem Präsidenten, den beiden Vizepräsidenten und aus den vier Schriftführern, deren Zahl verfassungsmäßig nicht festgelegt ist. Über die Befugnisse des Vorstandes vgl. Art. 22, 23. Der Vorstand wird in Hamburg jährlich in der ersten Sitzung nach dem 1. April für das laufende Geschäftsjahr gewählt, er-

ist nicht absetzbar, ein Mißtrauensvotum gegen ihn wäre unzulässig (vgl. Wulff, Bem. 22 zu § 5 GeschO).

2. Die GeschO ist eine autonome Satzung, die sich die Bürgerschaft selbst gibt und die sich im Rahmen der Verf. und der Gesetze zu halten hat (so Süsterhenn-Schäfer, Komm. d. Verf. Rheinland-Pfalz Bem. 1 zu Art. 85 mit Zitaten, a.M. Giese Bem. II zu Art. 40 „gemischte Rechts- und Verwaltungsordnung", vgl. F. Morstein-Marx, Beiträge zum Problem des parlamentarischen Minderheitenschutzes, Hamburg 1924, S. 16 ff). Die GeschO regelt das interne parlamentarische Verfahren, sie kann aber nicht alle auftauchenden Fragen beantworten. Wulff (Bem. 2 zu § 1 der GeschO) führt daher mit Recht ein Wort des damaligen Präsidenten der Bürgerschaft Ross von 1927 an: „Es ist sehr viel in der GeschO nicht verboten, ohne daß es deshalb erlaubt ist."

Das Prüfungsrecht der Gerichte gemäß Art. 64 erstreckt sich nur auf die ordnungsmäßige Verkündung, nicht auch darauf, ob die Bestimmungen der GeschO bei Verabschiedung eines Gesetzes beachtet sind (vgl. Wulff aaO. sowie Bem. zu Art. 64). Kraft parlamentarischen Brauches wird die GeschO auch von einer neuen Bürgerschaft übernommen und bleibt bis zu einer Änderung in Kraft.

3. Der Präsident ist Hausherr der Räume der Bürgerschaft; er stellt gegebenenfalls auch Strafantrag wegen Hausfriedensbruches. Als Inhaber der Polizeigewalt in diesen Räumen ist er Organ der öffentlichen Gewalt mit der Befugnis und Verpflichtung, die sonst der Polizei obliegenden Aufgaben wahrzunehmen. Die Polizeibehörde ist verpflichtet, ihm zur Erfüllung dieser Aufgaben Vollstreckungshilfe zu leisten.

4. In Anlehnung an das ehemalige Reichsgesetz zur Befriedung der Gebäude des Reichstags und der Landtage v. 8. Mai 1920 (RGBl. S. 909) und der darauf gestützten Hamb. VO v. 12. Mai 1922 (GVBl. S. 202) ist das Gesetz über die Befriedung des Rathauses in Hamburg v. 15. Febr. 1952 (GVBl. S. 15) ergangen, nach dem innerhalb des befriedeten Bannkreises keine Versammlungen unter freiem Himmel, insbesondere keine Umzüge stattfinden dürfen; Ausnahmen können vom Senat mit Zustimmung des Präsidenten der Bürgerschaft zugelassen werden. Der Bannkreis umfaßt etwa die Innenstadt.

5. Die Beamten der Bürgerschaft sind zwar hamburgische Staatsbeamte, sie werden jedoch nicht durch den Senat noch auch unter dessen Mitwirkung, sondern allein vom Präsidenten der Bürgerschaft ernannt. Der Beamtenernennungsausschuß des Art. 45 Abs. 2 ist vorschlagsberechtigt, da nur Art. 45 Abs. 1 keine Anwendung findet.

6. Der dritte Absatz des Art. 18 ist gegenüber der Verf. 1921 neu, weil damals Art. 38 Abs. 2 WeimRV auch für die Landtage galt. Wenn der VerfA das Wort „Zustimmung" im SenE durch „Einwilligung" er-

setzte, so sollte damit klargestellt werden, daß es zu einer Durchsuchung oder Beschlagnahme in den Bürgerschaftsräumen stets einer vorweg einzuholenden zustimmenden Erklärung des Bürgerschaftspräsidenten bedarf.

Artikel 19

Zu einem Beschluß der Bürgerschaft ist einfache Stimmenmehrheit erforderlich, sofern die Verfassung nicht ein anderes Stimmenverhältnis vorschreibt.

1. Die Vorschrift entspricht derjenigen des Art. 18 Satz 1 Verf. 1921, im übrigen auch Art. 32 Abs. 1 Satz 1 WeimRV und Art 42 Abs. 2 Satz 1 GG.

2. Einfache Mehrheit bedeutet die Mehrheit der im Saal anwesenden Abg., wobei ungültige Stimmen und Stimmenthaltungen nicht gezählt werden. Stimmengleichheit bedeutet Ablehnung.

3. Die Verf schreibt ein anderweitiges Stimmenverhältnis vor in Art. 11, 13, 34, 35, 36, 50, 51, 63.

Artikel 20

(1) Die Bürgerschaft ist beschlußfähig, wenn mehr als die Hälfte der Mitglieder anwesend sind. Jedoch sind alle Beschlüsse gültig, die gefaßt werden, ohne daß die Beschlußfähigkeit vor der Abstimmung oder Wahlhandlung angezweifelt worden ist.

(2) Die Beschlußfähigkeit für die Anberaumung der Sitzungen, für die Feststellung der Tagesordnung und der Niederschrift sowie für andere die Geschäftsbehandlung betreffende Fragen wird durch die Geschäftsordnung geregelt.

(3) Die Geschäftsordnung regelt die Art der Abstimmung.

Die Verf. übernimmt hier die Bestimmung des Art. 19 Verf. 1921.

Ist ein Beschluß nicht vorgesehen wie z. B. bei der Entgegennahme einer Mitteilung des Senats, so ist Beschlußfähigkeit des Hauses nicht erforderlich (vgl. StenBer 1924 S. 295).

Artikel 21

Die Sitzungen der Bürgerschaft sind öffentlich. Beantragt ein Zehntel der Abgeordneten oder der Senat, die Beratung und die Abstimmung in geheimer Sitzung stattfinden zu lassen, so beschließt die Bürgerschaft darüber in nicht öffentlicher Verhandlung.

1. Die Vorschrift entspricht im wesentlichen der in Art. 21 Verf. 1921 getroffenen Regelung. Da die Zahl der Abg. in der Verf. nicht festgesetzt wird, ist an Stelle der Zahl von 30 Abg. (Art. 21 Verf. 1921) die Bruchteilbestimmung „ein Zehntel" gewählt worden. Für den Beschluß der Bürgerschaft ist wie früher einfache Mehrheit ausreichend. Im Bundestag bedürfte ein derartiger Beschluß einer Zweidrittelmehrheit: Art. 42 Abs. 1 Satz 2 GG.

2. Durch Satz 1 werden die Befugnisse des Präsidenten gem. Art. 18 Abs. 2 nicht berührt. Der Präsident kann daher die völlige oder teilweise Räumung der Zuhörertribünen anordnen (so Wulff Bem. 3 zu Art. 21).

3. Bei einer geheimen Sitzung bleiben nur die Abgeordneten und die Senatsvertreter im Saal, bezüglich der Beamten der Bürgerschaft und der Stenographen wird besonders Beschluß zu fassen sein, ebenso darüber, ob und wie Protokoll geführt werden soll.

In der geheimen Sitzung der Bürgerschaft v. 22. Mai 1946 wurde ein Antrag über Wohnraumnot beraten, bei dem Maßnahmen der Besatzungsmacht Gegenstand der Verhandlung waren. Die stenogr. Niederschrift der Verhandlungen befindet sich in den StenBer. der Bürgerschaft (7. Sitzung 1946 S. 110ff), die jedoch damals infolge des Papiermangels erst Monate später gedruckt und veröffentlicht wurden.

Artikel 22

Die Bürgerschaft wird durch den Präsidenten einberufen. Er ist dazu verpflichtet,

1. auf Beschluß des Vorstandes,
2. auf Beschluß der Bürgerschaft,
3. auf Beschluß des Bürgerausschusses,
4. auf Verlangen von einem Zehntel der Abgeordneten, wenn seit der letzten Sitzung mehr als ein Monat verflossen ist,
5. auf Verlangen des Senats.

Die gegenüber Art. 22 Verf. 1921 geänderte Fassung bringt zum Ausdruck, daß die Kanzlei lediglich ausführendes Organ des Bürgerschaftspräsidenten ist. Es steht im pflichtgemäßen Ermessen des Präsidenten, den Termin für die Sitzung zu bestimmen.

Artikel 23

(1) Der Senat hat das Recht, zu den Verhandlungen der Bürgerschaft und ihrer Ausschüsse Vertreter zu entsenden. Das gilt nicht für Untersuchungsausschüsse (Artikel 25). Auf Ersuchen der Bürgerschaft, ihres Vorstandes oder ihrer Ausschüsse ist der Senat zur Entsendung von Vertretern verpflichtet.

(2) Den Vertretern des Senats ist auf ihr Verlangen jederzeit das Wort zu erteilen. Sie unterstehen der Ordnungsgewalt des Vorsitzenden.

(3) Von den Sitzungen der Ausschüsse ist dem Senat, soweit tunlich, vorher Kenntnis zu geben.

(4) Anträge des Senats, die er als dringlich bezeichnet, sind vor allen anderen Gegenständen zu verhandeln.

1. Die Ausschüsse der Bürgerschaft, die die Verf. hier zum ersten Mal nennt, beraten die ihnen überwiesenen Vorlagen und schlagen dem Plenum die weitere Behandlung vor. Die Zusammensetzung der Ausschüsse regelt sich nach der Stärke der Fraktionen, die die ihnen zustehenden Mitglieder des Ausschusses aus der Zahl ihrer Fraktionsmitglieder bestimmen.

2. Art. 23 Verf. 1921 schon sah das Recht der Teilnahme von Senatsvertretern an den Verhandlungen der Bürgerschaft und ihrer Ausschüsse vor, während Art. 26 Verf. 1921 die Teilnahme von Senatsvertretern an Sitzungen parlamentarischer Untersuchungsausschüsse von deren Zustimmung abhängig machte. Auch die jetzige Regelung schließt die Teilnahme von Senatsvertretern an Untersuchungsausschüssen mit deren Einwilligung nicht aus.

3. Abs. 1 Satz 3 ist ein Teil des Interpellationsrechts der Bürgerschaft. Wie Anschütz (Bem. 1 zu Art. 33) mit Recht ausführt, bedeutet das Entsenden von Vertretern nicht „stummes Dabeisitzen, sondern Beteiligung an den parlamentarischen Verhandlungen, insbesondere die Pflicht... auf Anfragen Rede und Antwort zu stehen". Die Art der Anfragen in der Bürgerschaft regelt Art. 24, im übrigen vgl. Art. 32.

4. Abs. 3 mildert die vom Senat vorgeschlagene Fassung durch Einfügung der Worte „soweit tunlich" ab. Hiermit soll jedoch nicht die Verpflichtung, den Senat rechtzeitig von Ausschußsitzungen zu unterrichten, beeinträchtigt, sondern lediglich eine Anfechtungsmöglichkeit für den Fall ausgeschaltet werden, daß solche Unterrichtung im Drang der Geschäfte einmal unterbleibt.

Artikel 24

(1) Die Abgeordneten sind berechtigt, in öffentlichen Angelegenheiten große und kleine Anfragen an den Senat zu richten.

(2) Große Anfragen sind schriftlich zu stellen und müssen von einer in der Geschäftsordnung der Bürgerschaft zu bestimmenden Mindestzahl von Abgeordneten, die nicht höher als 10 sein darf, unterzeichnet sein. Sie sind binnen zwei Wochen durch einen Vertreter des Senats in der

Sitzung der Bürgerschaft zu beantworten. Auf Verlangen von einem Drittel der anwesenden Abgeordneten folgt der Antwort eine Besprechung.

(3) Kleine Anfragen können von einem Abgeordneten in der Sitzung der Bürgerschaft gestellt werden und sind sofort zu beantworten. Sie sind dem Senat drei Tage vor der Sitzung der Bürgerschaft schriftlich mitzuteilen. An kleine Anfragen kann sich keine Besprechung anschließen. Kleine Anfragen können auch schriftlich gestellt und beantwortet werden.

(4) Die Geschäftsordnung der Bürgerschaft bestimmt das Nähere.

1. Art. 24 regelt das Recht der Anfragen an den Senat, er stellt einen Teil — den praktisch wichtigsten Teil — des auch in Art. 32 und Art. 23 Abs. 1 Satz 3, vorgesehenen Interpellationsrechts des Parlaments dar.

Das Recht der Bürgerschaft, den Senat um Auskunft zu ersuchen (Art. 65 Verf. 1879) erschien bereits dem VerfA 1921 als zu umständlich, der das Anfragerecht des einzelnen Abg. — auch des abwesenden, und zwar auch des etwa verhafteten, nicht aber des ausgeschlossenen (Wulff Bem. 6 zu Art. 24, StenBer. 1925 S. 205ff.) — einführte (Art. 24 Verf. 1921). Der VerfA hat, nachdem die Praxis der Bürgerschaft und anderer parlamentarischer Gremien zu übersehen war, entsprechend der Regelung des Bundestags (GeschO v. 6. Dez. 1951) „Große Anfragen“ und „Kleine Anfragen“ zugelassen.

2. Die Auskunftspflicht des Senats besteht nur in „öffentlichen Angelegenheiten“. Sie findet im übrigen ihre Grenze in den Verpflichtungen des Senats dem Bunde (etwa bei Behandlung vertraulicher auswärtiger Angelegenheiten) oder dem Lande (innere Sicherheit) gegenüber.

Bei der Ausübung seiner verfassungsmäßigen Befugnisse ist der Senat nicht verpflichtet, auf Fragen über Interna zu antworten (etwa wie er seinen Vertreter im Bundesrat zu instruieren gedenke, Wulff Bem. 7 zu Art. 24). Mit Recht hat der Senat die Beantwortung einer Frage nach den Gründen der Ausübung des ihm höchstpersönlich zustehenden Gnadenrechts verweigert. Die Grenze der Auskunftspflicht verschiebt sich, wenn die Auskunft etwa in einer nicht öffentlichen Bürgerschaftssitzung, im BürgerAussch oder in einer Ausschußsitzung — insbesondere wenn Vertraulichkeit beschlossen worden ist — gefordert wird.

Artikel 25

(1) Die Bürgerschaft hat das Recht und auf Antrag eines Viertels der Abgeordneten die Pflicht, Untersuchungsausschüsse einzusetzen. Die Ausschüsse erheben Beweis in öffentlicher Verhandlung, soweit sie nicht anderes beschließen. Beantragte Beweise sind zu erheben, wenn es ein Viertel der Ausschußmitglieder verlangt.

(2) Für die Beweiserhebung gelten die Vorschriften der Strafprozeßordnung sinngemäß. Brief-, Post- und Fernmeldegeheimnis bleiben unberührt.

(3) Im übrigen regelt die Geschäftsordnung der Bürgerschaft das Verfahren der Untersuchungsausschüsse.

(4) Hamburgische Gerichte und Behörden sind zu Rechts- und Amtshilfe verpflichtet. Der Senat stellt den Ausschüssen auf Ersuchen die zu ihrer Unterstützung erforderlichen Beamten zur Verfügung. Die Untersuchungsausschüsse haben das Recht, die Beamten auszuwählen.

(5) Öffentlich Bedienstete, die vor einem Untersuchungsausschuß vernommen werden, sind dem Ausschuß gegenüber von ihrer dienstlichen Pflicht zur Verschwiegenheit entbunden.

(6) Die Beschlüsse der Untersuchungsausschüsse sind der richterlichen Erörterung entzogen. In der Würdigung und Beurteilung des der Untersuchung zugrunde liegenden Sachverhalts sind die Gerichte frei.

(7) Die Mitglieder von Untersuchungsausschüssen sind zur Verschwiegenheit verpflichtet, soweit es sich um Tatsachen handelt, die sie bei ihrer Tätigkeit im Untersuchungsausschuß erfahren haben und die nicht Gegenstand der öffentlichen Verhandlung gewesen sind.

1. Das Recht der parlamentarischen Enquete ist aus dem englischen VerfR in die deutschen Verfassungen der Weimarer Zeit (Art. 34 WeimRV, Art. 26 Verf. 1921) eingegangen. Es ist die schärfste Form parlamentarischer Kontrolle, ausgestattet mit Befugnissen, wie sie die Strafprozeßordnung einem Richter gibt.

2. Die Bedeutung dieses wichtigen Minderheitsrechtes ergibt sich daraus, daß

a) ein Viertel der Abgeordneten die Einsetzung beantragen kann,
b) ein Viertel der Mitglieder Beweiserhebung veranlassen kann,
c) in der Regel öffentlich verhandelt wird,
d) der Ausschuß direkt — nicht mittels Ersuchens an den Senat — die Ermittlungen vornimmt, damit also eine behördliche Stellung hat.

3. Aufgabe der Untersuchung ist die Feststellung tatsächlicher Vorgänge zur Vorbereitung einer Beschlußfassung der Bürgerschaft auf dem Gebiet der Gesetzgebung, der Verwaltung oder der Bürgerschaft sonst zustehenden Funktionen (vgl. Entschl. des 34. Deutschen Juristentags bei Knorr, Hans.RZ 1926 Sp. 836).

Die Untersuchungsausschüsse dürfen daher nicht in die Kompetenz der Gerichte eingreifen; ihr Zweck begrenzt ihre Zuständigkeit, die der Staatsgerichtshof für das Deutsche Reich in zwei Entscheidungen v. 12. Juli 1921 (in Sachen des Senats in Bremen wider die Bürgerschaft in Bremen — RGZ Bd. 102 S. 425 ff —) und v. 12. Jan. 1922 (eine

Fraktion gegen Landtag und Land Württemberg — RGZ Bd. 104 S. 423ff) behandelt hat. Sie geht nicht weiter als die Zuständigkeit des Parlaments selbst, das den Ausschuß geschaffen hat.

4. Die Verletzung der Verschwiegenheitspflicht des Art. 25 Abs. 6 findet ihre Sanktion in der Bestimmung des Art. 13 Abs. 2.

Artikel 26

(1) Zur Wahrnehmung bestimmter durch die Verfassung oder durch Gesetz festgelegter Aufgaben wird der Bürgerausschuß gebildet.

(2) Er besteht aus dem Präsidenten der Bürgerschaft, der den Vorsitz führt, und zwanzig von der Bürgerschaft aus ihrer Mitte zu wählenden Mitgliedern. Senatoren dürfen dem Bürgerausschuß nicht angehören.

(3) Die in den Bürgerausschuß gewählten Abgeordneten sind nicht verpflichtet, das Amt anzunehmen. Sie können es jederzeit niederlegen.

1. Der Bürgerausschuß (BürgAussch) ist ein Organ der Bürgerschaft, durch die Verf. mit einer gewissen Selbständigkeit versehen (so VerfBer. S. 650 und Mittelstein Bem. 1 zu Art. 27, a. M. Perels, Über den Hamburgischen Bürgerausschuß, Hamburg 1912, S. 18f. „ein der Bürgerschaft gegenüber durchaus selbständiges Organ"). Die den BürgAussch behandelnden Bestimmungen der Verf. befinden sich daher im Abschnitt „Bürgerschaft", nicht in einem besonderen Abschnitt wie noch in der Verf. 1921. Der BürgAussch ist ein Ausschuß der Bürgerschaft, auf ihn finden z. B. die Bestimmungen des Indemnitätsrechts (Art. 14) Anwendung; er ist aber durch die Verf. selbst eingesetzt, nicht wie die sonstigen Ausschüsse durch die Bürgerschaft. Innerhalb des durch die Verf. gesteckten Rahmens regelt befugtermaßen (a. M. Perels aaO. S. 22) die GeschO der Bürgerschaft die Arbeitsweise des BürgAussch.

2. Die Institution des BürgAussch geht auf den VerfE der 1848 gewählten Konstituante v. 11. Juli 1849 (Art. 86 bis 93) zurück. Der BürgAussch hatte die bürgerlichen Kollegien des VerfRechts von 1712, insbesondre das Kollegium der Oberalten zu ersetzen (Perels aaO. S. 3). Diese Bestimmungen wurden im wesentlichen als Abschn. II zusammen mit dem Abschn. I über die Bürgerschaft am 11. Aug. 1859 eingeführt, mit der gesamten Verf. 1860 erneut verkündet, in die Verf. 1879 (Art. 54 bis 60) und mit Änderungen in die Verf. 1921 (Abschn. III Art. 27 bis 31) übernommen. Während die vorl. Verf. 1946 einen BürgAussch nicht vorsah, erschien es angebracht, entsprechend dem SenE diese alte und bewährte hamburgische Einrichtung wieder einzuführen. Der am 1. Juli 1952 — dem Tage des Inkrafttretens der Verf. — gewählte BürgAussch trat erstmalig am 2. Juli 1952 zusammen.

Abs. 2 regelt die Zusammensetzung wie Art. 27 Verf. 1921. Der Präsident der Bürgerschaft ist Vorsitzender und Mitglied kraft Amtes. Der stellv. Vorsitzende ist vom BürgAussch zu wählen. So geschehen in der ersten konstituierenden Sitzung am 2. Juli 1952, bei der ein Mitglied der zweitstärksten Fraktion gewählt worden ist, weil der Präsident der Bürgerschaft, der geborene Vorsitzende des BürgAussch, nach parlamentarischem Brauch der stärksten Fraktion angehört.

Bei Verhinderung des Vorsitzenden und des stellv. Vorsitzenden kann mit relativer Mehrheit ein Zwischen-Vorsitzender gewählt werden. In Anbetracht der besonderen Aufgaben des BürgAussch als „kleiner Staatsgerichtshof" (Bem. 2 zu Art. 31) hat der VerfA diesen Teil der Legislative formell und personell von der Exekutive geschieden und daher Senatoren von der Mitgliedschaft ausgeschlossen (VerfBer. S. 650).

Artikel 27

(1) Die Mitglieder des Bürgerausschusses werden nach den Grundsätzen der Verhältniswahl (d'Hondt) mit gebundenen Listen gewählt. Wahlvorschläge bedürfen der Unterschrift von fünf Abgeordneten.

(2) Jeder Wahlvorschlag erhält so viele Sitze, wie auf ihn Höchstzahlen entfallen. Über die Zuteilung des letzten Sitzes entscheidet bei gleicher Höchstzahl das Los. Enthält ein Wahlvorschlag weniger Bewerber als auf ihn Höchstzahlen entfallen, so werden die überschüssigen Sitze den anderen Wahlvorschlägen gemäß ihren Höchstzahlen zugeteilt.

(3) Lehnt ein Abgeordneter die Wahl in den Bürgerausschuß ab oder scheidet er nachträglich aus, so tritt an seine Stelle der nächste Abgeordnete desselben Wahlvorschlages. Ist der Wahlvorschlag erschöpft, so bleibt der Sitz im Bürgerausschuß unbesetzt.

1. Die Vorschrift entspricht Art. 27 Verf. 1921.

2. Durch Abs. 1 wird erreicht, daß die politische Zusammensetzung des BürgAussch der der Bürgerschaft entspricht. Die Wahl zum BürgAussch ist höchstpersönlich, die Mitglieder können sich nicht vertreten lassen. Der BürgAussch führt bis zur ersten Sitzung der neugewählten Bürgerschaft die Geschäfte weiter (Art. 12 Abs. 2), ganz gleich ob die bisherigen Mitglieder der neuen Bürgerschaft angehören. Wählt die Bürgerschaft in ihrer ersten Sitzung der Legislaturperiode keinen neuen BürgAussch, so endet gleichwohl das Amt der bisherigen Mitgl. mit der Folge, daß ein Vacuum eintritt.

3. Das Los nach Abs. 2 zieht der Präsident (Wulff Bem. 3 zu Art. 27).

Artikel 28

Der Bürgerausschuß wird durch seinen Vorsitzenden einberufen. Auf Verlangen des Senats oder von drei Mitgliedern hat der Vorsitzende die Einberufung zu veranlassen.

1. Während Art. 28 Verf. 1921 auch dem Senat ein Einberufungsrecht gab und damit auch die Bestimmung über Zeit und Ort der Sitzung, steht jetzt das Einberufungsrecht ausschließlich dem Vorsitzenden — bei dessen Verhinderung dem Vertreter im Vorsitz — zu, der allerdings in den genannten zwei Fällen einberufen muß. Damit ist eine klarere Trennung der Exekutive und Legislative erreicht wie bereits im Falle der Einberufung der Bürgerschaft (Art. 22).

2. Ordnungsmäßige Einberufung ist Voraussetzung für verfassungsmäßige Tätigkeit des BürgAussch.

Artikel 29

Der Bürgerausschuß ist bei Anwesenheit von elf Mitgliedern beschlußfähig.

1. Die Bestimmung war in Art. 29 Verf. 1921 in der Form enthalten, daß der BürgAussch bei Anwesenheit von mehr als der Hälfte seiner Mitgl. beschlußfähig war, ebenso Art. 90 VerfE der Konstituante. Verf. 1860 verlangte 14 Mitgl., Verf. 1879 12 Mitgl.

2. Elf Mitgl. einschließlich des Vorsitzenden entspricht in seiner politischen Bedeutung der Bestimmung über die Beschlußfähigkeit der Bürgerschaft (Art. 20). Die im VerfA erwogene Erhöhung der Zahl von elf Mitgl. wurde abgelehnt, weil sonst die Arbeit des BürgAussch leicht durch Obstruktion behindert werden könne (VerfBer. S. 651).

3. Der BürgAussch beschließt mangels anderweitiger verfassungsmäßiger Regelung mit einfacher Mehrheit. Die Verf. schreibt nicht vor, daß eine mehrmalige Lesung erfolgt, auch wenn es sich um gesetzliche Vorschriften handelt. Die GeschO der Bürgershaft könnte mehrere Lesungen oder andere Mehrheiten vorschreiben, wie es die GeschOen 1881 und 1924 für den Fall der Geheimhaltung bestimmter Angelegenheiten getan haben (vgl. Bem. 1 zu Art. 30).

Artikel 30

(1) Die Sitzungen des Bürgerausschusses sind nicht öffentlich. Mitglieder der Bürgerschaft, die dem Bürgerausschuß nicht angehören, können seinen Sitzungen beiwohnen.

(2) Artikel 23 findet Anwendung.

1. Die Sitzungen des BürgAussch sind nicht öffentlich, um die Vertraulichkeit seiner Erörterungen zu gewährleisten (ebenso Verf. 1879 und 1921). Darüberhinaus kann der BürgAussch auch Geheimhaltung einer bestimmten Angelegenheit — jetzt mit der Sanktion des Art. 13 Abs. 2 Z. 3 — beschließen. Gemäß GeschO der Bürgerschaft 1881 (§ 16

Z. 5) und 1924 (§ 14 Abs. 3) konnte dies nur mit Zweidrittelmehrheit geschehen. Ähnliches wird die neue GeschO zu bestimmen haben.

2. Wie bei allen bürgerlichen Ausschüssen können alle Abgeordneten auch an den Sitzungen des BürgAussch teilnehmen, stimmberechtigt sind jedoch nur die Mitgl.

3. Der Senat hat das Recht der Entsendung von Vertretern, auf Verlangen des BürgAussch ist er dazu verpflichtet. Er wird zu den Sitzungen des BürgAussch in derselben Weise eingeladen wie zu den sonstigen Ausschüssen der Bürgerschaft (Art. 23).

Artikel 31

(1) Der Bürgerausschuß ist verpflichtet, über die Einhaltung der Verfassung und über die Gesetzmäßigkeit der Verwaltung zu wachen. Verstöße hat er der Bürgerschaft anzuzeigen, sofern der Senat nicht Abhilfe schafft.

(2) Der Bürgerausschuß ist befugt, auf Antrag des Senats

1. Ausgaben bis zur Grenze des ihm von der Bürgerschaft zur Verfügung gestellten Betrages zu genehmigen, wenn

a) ihre Erörterung in der Bürgerschaft dem Staatswohle zuwiderläuft oder

b) ihre Dringlichkeit eine Beschlußfassung vor der nächsten Sitzung der Bürgerschaft erfordert oder

c) sie im Einzelfalle einen von der Bürgerschaft festzusetzenden Betrag nicht übersteigen;

2. Veräußerungen von Staatsgut, die im Einzelfall einen von der Bürgerschaft festzusetzenden Betrag nicht übersteigen, nach Artikel 72 zu genehmigen;

3. in dringenden Fällen gesetzliche Vorschriften bis zur anderweitigen Beschlußfassung der Bürgerschaft zu überlassen.

(3) Der Bürgerausschuß wirkt bei der Bestellung der Mitglieder des Rechnungshofes (Artikel 71 Absatz 2) sowie bei der Genehmigung einer sonstigen Tätigkeit eines Senators (Artikel 39 Absatz 2) mit.

(4) Weitere Aufgaben können dem Bürgerausschuß durch Gesetz zugewiesen werden.

Die Vorschrift behandelt — ergänzt durch Art. 22 Z. 3, 32, 39 Abs. 2, 71 Abs. 2 — die Zuständigkeit des BürgAussch.

1. Das Aufsichtsrecht (Seelig aaO. S. 105: „Wächterstellung" gegenüber Regierung und Verwaltung (Abs. 1) hat seinen geschichtlichen Ursprung im Unionsrezess v. 5. Okt. 1712, der dem Kollegium der Oberalten die Aufgabe zuweist, „nebst E. E. Rat das Auge der Stadt und des gemeinen Wesens zu sein" und „ein sonderiches Aufsehen dahin zu haben, daß all dieser Stadt Verfassungen ... stets in

Ehren vollführet und befolget werden" (Perels aaO. S. 3).Diese Pflicht ist 1859, 1879 und jetzt sachlich unverändert und seit 1859 gleichlautend formuliert.

2. In Verfolg des Aufsichtsrechts wird der BürgAussch aus eigenem Recht und aus eigener Initiative tätig, er kann aus eigener Sachkenntnis oder aber auf Anregung Dritter handeln. Stellt der BürgAussch eine Verletzung der Verf. oder Gesetze fest, so hat er zunächst den Senat um Abhilfe zu ersuchen, erst wenn der Senat dem Ersuchen nicht nachkommt, wendet sich der BürgAussch an die Bürgerschaft. Sowohl der Senat wie ein Viertel der Bürgerschaftsabgeordneten können alsdann die Streitfrage durch das Hamburgische Verfassungsgericht entscheiden lassen (Art. 65 Abs. 2 Ziffer 1—3), falls die Bürgerschaft von dem Mißtrauensvotum nicht Gebrauch machen will (Art. 35).

Der Senat hatte 1877 durch VO die Unterlassung der Anzeige vom Vorkommen des Kolorado-Käfers unter Strafe gestellt. Auf Einspruch des BürgAussch leitete der Senat unter prinzipieller Aufrechterhaltung seiner Rechtsansicht eine gesetzliche Vorlage der Bürgerschaft zu, die alsdann in der 28. Sitzung 1877 ein entsprechendes Gesetz verabschiedete.

1910 machte der BürgAussch eine Mitteilung (Ber. Nr. 44) an die Bürgerschaft bezüglich der Verleihung des Prof.-Titels durch den Senat (vgl. Perels aaO. S. 11, Verh. 1912, S. 3ff.

3. Der Katalog des Abs. 2 stellt eine Delegation der dem Parlament zustehenden Befugnisse dar. Der BürgAussch hat hier keine eigene Initiative, er wird nur auf Antrag des Senats tätig. Ob die Voraussetzungen des Abs. 2 vorliegen, bestimmt der BürgAussch nach eigenem nicht nachprüfbarem Ermessen, er ist nur befugt, nicht aber verpflichtet, zu handeln. „Auf Antrag des Senats" bedeutet, daß der BürgAussch an die Anträge des Senats gebunden ist, er kann sie nur annehmen oder ablehnen, nicht aber ändern oder etwa an die Bürgerschaft verweisen.

Die politische Verantwortung für die an den BürgAussch gestellten Anträge gegenüber der Bürgerschaft — und auch dafür, daß sie an den BürgAussch und nicht an die Bürgerschaft gerichtet sind — trägt der Senat. Eine Verantwortlichkeit des BürgAussch gegenüber der Bürgerschaft kennt die Verf. nicht. Der BürgAussch. berichtet über seine Beschlüsse nicht an die Bürgerschaft.

4. In den Fällen des Abs. 2 kann selbstverständlich auch die Bürgerschaft selbst tätig werden, entweder auf Initiative des Senats oder aus eigener Initiative. Es besteht also eine konkurrierende Zuständigkeit von Bürgerschaft und BürgAussch. Wenn Bürgerschaft oder BürgAussch einen Antrag nicht angenommen hat, steht es dem Senat frei, sich noch an die andere Körperschaft zu wenden. Aus dem Wortlaut der Verf. ergibt sich aber, daß im Falle des Abs. 2 Ziffer 3 bei Ablehnung eines Antrages durch die Bürgerschaft der Senat nicht ohne

Hinzutritt neuer Gründe diesen Antrag im BürgAussch wiederholen darf. Der „anderweitige Beschluß" der Bürgerschaft liegt nämlich dann schon vor, und ist für den BürgAussch als Organ der Bürgerschaft bindend. Der Fall des Abs. 2 Ziffer 1b liegt nur vor, wenn die Bürgerschaft noch nicht entschieden hat.

5. Fälle des Abs. 2 Ziffer 1b werden praktisch höchstens in den Parlamentsferien vorkommen. Die Bestimmung ist eingeführt, weil man ursprünglich glaubte, die Bürgerschaft würde wie einst die Erbgesessene Bürgerschaft nur wenige Tage im Jahr versammelt sein, während der BürgAussch als Nachfolger der Oberalten häufig tagen werde (Perels aaO. S. 14 Anm. 33). Die Entwicklung des hamb. Verfassungsrechts hat jedoch schon unter Geltung der Verf. 1879 den Schwerpunkt des öffentlichen Lebens in die Bürgerschaft verschoben.

6. Am 1. Juli 1952 hat die Bürgerschaft folgenden Beschluß gefaßt:

„Die Befugnisse des BürgAussch nach Art. 31 Abs. 2 Ziffer 1 und 2 der Verf. der freien und Hansestadt Hamburg werden wie folgt abgegrenzt:

1. Der Gesamtbetrag für die Nachbewilligung von Haushaltsmitteln nach Art. 31 Abs. 2 Ziffer 1 wird im Rahmen des Haushaltsplans zur Verfügung gestellt. Für das Rechnungsjahr 1952 wird ein Betrag von 1 Mill. DM bewilligt, der im Rahmen des Nachtrags zum Haushaltsplan 1952 gedeckt wird.

2. Der Höchstbetrag für eine Nachbewilligung von Haushaltsmitteln nach Art. 31 Abs. 2 Ziffer 1c wird auf DM 50000,— im Einzelfall festgesetzt.

3. Der Höchstbetrag für die Genehmigung einer Veräußerung von Staatsgut (einschließlich Grundstücken) nach Art. 31 Abs. 2 Ziffer 2 wird auf DM 80000,— festgesetzt.

Der BürgAussch wird außerdem ermächtigt, den Ankauf von Grundstücken bis zu einem Höchstbetrage von DM 80000,— im Einzelfall zu genehmigen, wenn für den Ankauf Haushaltsmittel zur Verfügung stehen oder der BürgAussch in eigener Zuständigkeit die erforderlichen Haushaltsmittel nach Art. 31 Abs. 2 Ziffer 1 nachbewilligen kann."

7. Das Notgesetzgebungsrecht des Abs. 2 Ziffer 3 ist gegenüber den früheren Befugnissen des BürgAussch — Verf. 1921: „gesetzliche Vorschriften von geringerer Bedeutunng", — erweitert worden. Der Senat hat nicht mehr das ihm durch Art. 48 Abs. 4 WeimRV gegebene weitgehende Notverordnungsrecht. Der VerfA hat aber in „dringenden Fällen" — wobei insbesondere an den Fall der Arbeitsunfähigkeit der Bürgerschaft gedacht ist — die Möglichkeit des Erlasses gesetzlicher Vorschriften für staatspolitisch notwendig gehalten und diese Befugnisse dem BürgAussch übertragen, da sie dem Senat allein nicht zuerkannt werden sollten.

Die „gesetzlichen Vorschriften" des BürgAussch sind Gesetze i. S. des Abschnittes IV der Verf., also formelle Landesgesetze, deren Verkündung gemäß Art. 54 dem Senat obliegt.

Die Vorschrift ist unter der Verf. 1879 nicht praktisch geworden, sie wurde sogar für hamb. Verhältnisse als nicht mehr notwendig angesehen (Wolffsohn S. 23, v. Melle S. 193, Seelig S. 101f).

Aus der Staatspraxis unter Verf. 1921 vgl. Ges. über die Zuständigkeit der Kommission zur Festsetzung von Gebühren und Tarifen v. 9. Sept. 1923 (GVBl. S. 1049) sowie die nach Auflösung der Bürgerschaft 1927 vom alten BürgAussch beschlossenen Gesetze (GVBl. S. 623, 1928 S. 13, 17, 37, 55 und Verh. 1928 S. 33ff.) — Wulff Bem. 10 zu § 31.

Da die gesetzlichen Vorschriften nur auf Antrag des Senats erlassen werden (vgl. Bem. 3), besteht kein Einspruchsrecht wie bei den von der Bürgerschaft beschlossenen Gesetzen (Art. 50). Der BürgAussch kann mit Ausnahme der Verfassung jedes Gesetz ändern oder neues Recht setzen. Die Beschlüsse des BürgAussch haben dieselbe staatsrechtliche Wirkung wie Beschlüsse der Bürgerschaft (v. Melle aaO. S. 110). Nur in einer Beziehung sind die gesetzlichen Vorschriften des BürgAussch Gesetze minderen Rechtes: sie können durch „anderweitige Beschlußfassung" der Bürgerschaft, mithin durch einfachen Beschluß gemäß Art. 19 ex nunc — nicht rückwirkend — außer Kraft gesetzt werden. Eine etwaige Änderung oder Ergänzung der vom BürgAussch erlassenen Vorschriften allerdings hätte gemäß Art. 48 Abs. 2, 49 zu erfolgen. Faßt die Bürgerschaft keinen Beschluß, so bleiben die Gesetze des BürgAussch in Kraft.

8. Abs. 3 sieht in Übereinstimmung mit Verf. 1921 vor, daß dem BürgAussch auch außerhalb der ihm durch die Verfassung übertragenen Zuständigkeit weitere Aufgaben durch (einfaches) Gesetz zugewiesen werden können. Der VerfA hat erwogen, für ein derartiges Gesetz eine qualifizierte Mehrheit vorzusehen. Er ist hiervon wieder abgekommen, vor allem wegen der praktischen Schwierigkeit, die mit der Erreichung solcher Mehrheiten erfahrungsgemäß verbunden ist. Der Ausschuß war sich andererseits darüber einig, daß dem BürgAussch auf dem Wege der einfachen Gesetzgebung keine Befugnisse zur Notgesetzgebung über den Rahmen des Art. 31 Abs. 2 Ziffer 3 hinaus verliehen werden könnte (Verf.Ber. S. 651).

a) Sonstige durch Gesetz zugewiesene Aufgaben waren u. a. auf Antrag des Senats: Beschlußfassung beim Ausscheiden eines Senators (§ 9 SenGes. 1925), Mitgenehmigung der Umzugskosten und Mietentschädigung von Beamten; Beschluß von Senat und BürgAussch über Anrechnung auf Besoldungsdienstalter (§§ 7, 25 BeamtenGes. i. d. F. v. 17. Juli 1929 (GVBl. S. 319), vgl. Wulff Bem. 2 zu Art. 31.

b) Z. Zt. sieht Senatsgesetz v. 11. Jan. 1951 (§ 13, Abs. 3) Zustimmung des BürgAussch beim Erlaß von Bestimmungen über Amtswohnungen u. a. vor.

c) Auf Grund Ziffer 13 des Rat- und Bürgerschlusses v. 11. Aug. 1859, daß, „wo in jetzt bestehenden besonderen Gesetzen und Rat- und Bürgerschlüssen die Mitwirkung der Kollegien der Oberalten oder der Sechziger zu den Erlassen des Senats vorgeschrieben ist, an die Stellung dieser Kollegien der BürgAussch trete", ist die Zustimmung des BürgAussch in den Fällen der Verleihung der Hamburger Ehrenmünze v. 21. Juli 1853 an Hamburger notwendig.

Artikel 32

Soweit nicht gesetzliche Vorschriften entgegenstehen, hat der Senat der Bürgerschaft, dem Bürgerausschuß und den von der Bürgerschaft eingesetzten Ausschüssen auf Verlangen Auskünfte zu erteilen und Akten vorzulegen. Jeder Staatsbürger hat ihnen in gleichem Umfange wie den Verwaltungsbehörden Auskunft zu erteilen.

1. Das Interpellationsrecht, das alte Recht der Bürgerschaft, ihrer Ausschüsse und des BürgAussch, den Senat um Auskunft zu ersuchen (Verf. 1921 Art. 25, 31), ist hier zusammengefaßt. Das Recht besteht nur gegenüber dem Senat, nicht gegenüber einzelnen Senatoren oder Beamten, nicht gegenüber einzelnen Behörden. In Anbetracht der in Art. 24 geregelten „Kleinen" und „Großen Anfragen" kommt der Vorschrift praktische Bedeutung nur für den BürgAussch und die bürgerschaftlichen Ausschüsse zu. Der stärkste Ausdruck des Interpellationsrechts liegt bereits in Art. 30 Abs. 2, 23 Abs. 1 Satz 3. Machen BürgAussch oder bürgerschaftliche Ausschüsse hiervon Gebrauch, so haben die Senatsvertreter nicht nur „stumm dabei zu sitzen" — so die treffende Formulierung von Anschütz Bem. 1 zu Art. 33 —, sondern Rede und Antwort zu stehen (vgl. Bem. 3 zu Art. 23).

2. Satz 2 stellt keine neue Pflicht auf Auskunftserteilung dar. Verhältnisgesetz 1879 (GesS. S. 110 i. d. F. v. 8. Okt. 1923 GVBl. S. 1234) hatte Verwaltungsbehörden die Befugnisse gegeben, Vorladungen unter Strafandrohung zu erlassen, wobei aber nur das Nichterscheinen, nicht aber die Verweigerung der Aussage unter Strafandrohung gestellt war.

3. Die Verschwiegenheitspflicht von Beamten, auch von Senatoren, ist durch Satz 2 nicht aufgehoben, bei parlamentarischen Untersuchungsausschüssen (Art. 25 Abs. 5) ist eine ausdrückliche andere Regelung getroffen. Über amtliche Vorgänge kann daher lediglich der Senat um Auskunft ersucht und die Akten beigezogen werden.

III.

Der Senat

1. Der Abschnitt „Senat" befand sich noch in der Verf. 1879 vor dem Abschnitt „Bürgerschaft". Darin prägte sich auch äußerlich seine Stellung als „Oberhaus" aus. Mit der Einführung des Einkammersystems für die Gesetzgebung durch Verf. 1921 findet der Senat zum ersten Male seine Regelung nach der Bürgerschaft und nach dem Bürgerausschuß, für den noch ein besonderer Abschnitt vorgesehen war.

2. In der Gesetzessprache kommt die Bezeichnung „Senat" zuerst in der Verf. 1860 vor. Bis dahin war die deutsche Bezeichnung „Rat" und nur die lateinische Übersetzung „senatus".

Artikel 33

(1) Der Senat ist die Landesregierung. Er bestimmt die Richtlinien der Politik, führt und beaufsichtigt die Verwaltung.

(2) Das Gesetz bestimmt die Zahl der Senatsmitglieder (Senatoren).

1. Schon Verf. 1921 bestimmte ausdrücklich in Art. 32, daß der Senat die Landesregierung ist. Das war damals schon deswegen zweckmäßig, weil er nach Aufhebung der Verf. 1879 nur noch die Regierung war, während er vorher auch ein Haus der Gesetzgebung bildete. Unter „Senat" versteht man aber auch in der Staatsrechtslehre und im Sprachgebrauch anderer Länder ein gesetzgebendes Organ, so daß es zweckmäßig erschien, deutlich herauszustellen, daß es sich um den Träger der Exekutive handelt.

2. Abweichend von dem sonst in Deutschland vorherrschenden Ministerpräsidentenprinzip besteht hier reines Kollegialsystem. Das Kollegium selbst bestimmt die Richtlinien seiner Politik. Alle Mitglieder sind gleichberechtigt. Der Präsident ist primus inter pares (vgl. aber Bem. 3 zu Art. 41). Das Kollegium, der Senat, ist den einzelnen Senatoren vorgesetzt.

3. Verf. 1879 bestimmte die Zahl auf 18, von denen 9 Juristen oder „Cameralisten" und 7 Kaufleute sein mußten. Verf. 1921 überließ die Bestimmung der Zahl dem Gesetz. Während bei einem Gesetzgebungsorgan die Festlegung der Zahl durch die Verfassung angemessen erschien, sollte die Regierung nach Umfang und Zusammensetzung beweglicher gehalten werden. Senatsgesetz § 1 bestimmt die Zahl auf „mindestens 10, höchstens 15" Senatoren. In diesem Rahmen hat die Bürgerschaft vor der Wahl die Zahl durch Beschluß festzulegen (z. Zt. 12).

4. Der Senat und die Senatoren stehen unter dem besonderen strafrechtlichen Schutz des § 97 StGB gegen Verunglimpfung in hochverräterischer Absicht und der §§ 105 und 106 StGB gegen Parlamentssprengung und Hinderung von Parlamentsmitgliedern, obgleich der Senat kein Parlament mehr ist.

Senatoren sollen nicht zu Schöffen und Geschworenen berufen werden (GVG §§ 34, 77 und 84) und sollen als Zeugen an ihrem Amtssitz oder Aufenthaltsort vernommen werden (StPO § 50, ZPO § 384).

Artikel 34

(1) Die Senatoren werden von der Bürgerschaft mit der Mehrheit ihrer gesetzlichen Mitgliederzahl gewählt.

(2) Wählbar ist jeder Deutsche, der die Voraussetzungen zur Wahl in die Bürgerschaft erfüllt; er braucht weder seinen Wohnsitz noch seinen Aufenthalt in der Freien und Hansestadt Hamburg gehabt zu haben. Beamte einschließlich der Richter sind wählbar.

(3) Niemand ist verpflichtet, die Wahl anzunehmen.

1. Bei der Wahl eines Senators müssen also mindestens 61 Stimmen für ihn abgegeben werden (für den Fall, daß die Zahl der Bürgerschaftsabgeordneten gem. Art. 6 Abs. 2 auf mehr als 120 erhöht wird, entsprechend mehr). Verf. 1921 sah nur „Mehrheit der abgegebenen Stimmen" vor (Art. 34). Die Erwägung bei der Einführung der Erschwerung war, daß die Wahl eines Senators nicht auf Zufallsmehrheiten beruhen solle, besonders angesichts des erschwerten Mißtrauensvotums nach Art. 35. Möglicherweise kommt durch die Erschwerung die Wahl nicht zustande. Da aber nach Art. 37 der bisherige Senat die Geschäfte weiterzuführen hat, droht kein Vakuum.

2. Die Verfassung sieht kein Mindestalter vor wie Verf. 1921 mit 30 Jahren (Art. 33). Das Wahlgesetz verlangt als Wählbarkeitsvoraussetzung, daß das 25. Lebensjahr vollendet ist. Das ist damit auch das Mindestalter für die Wahl zum Senator. Es wird auch nicht mehr verlangt, daß der Kandidat seit mindestens einem Jahr Deutscher ist (Verf. 1921 Art. 33). Die Verf. will den Kreis der für eine Wahl in Frage Kommenden bewußt weit ziehen und die Entscheidung lieber dem Einzelentscheid bei der Wahl überlassen als allgemeine Grenzen festlegen. Deswegen ist auch Verwandtschaft oder Schwägerschaft nicht als Hinderungsgrund aufgeführt (wie Verf. 1879 Art. 8 Abs. 2 und 3).

3. Nicht gewählt werden kann, wer

a) entmündigt ist, unter vorläufiger Vormundschaft oder wegen geistiger Gebrechen unter Pflegschaft steht,

b) die bürgerlichen Ehrenrechte verloren hat,

c) aus sonstigen Gründen vom Wahlrecht ausgeschlossen ist,

d) mit Zuchthaus bestraft oder bei wem auf Unfähigkeit zur Bekleidung öffentlicher Ämter erkannt ist (§§ 31 und 35 StGB).

4. Wenn ein Beamter zum Senator gewählt wird, tritt er in den Wartestand. Sein Wartegeld ruht, solange er Amtsgehalt bezieht (§ 12 I Senatsgesetz, GVBl. 1951 S. 1). Das Dienstverhältnis eines Angestellten oder Arbeiters ruht (§ 12 Abs. 2 Senatsgesetz).

5. Die Wahl erfolgt auf unbestimmte Zeit. Die Gewählten bleiben solange im Amt, bis sie entweder zurücktreten oder aus einem anderen Grunde ausscheiden (Art. 35). Auch der Zusammentritt einer neu gewählten Bürgerschaft ist rechtlich kein Grund für den Rücktritt des Senats.

6. Senatoren können gleichzeitig der Bürgerschaft angehören. Das sah Verf. 1921 in Art. 10 ausdrücklich vor, weil bis dahin der Grundsatz der Inkompatibilität gegolten hatte. Solange der Senat gleichzeitig Erste Kammer war, mußte es selbstverständlich sein, daß Senatoren nicht gleichzeitig Mitglieder der Bürgerschaft sein konnten. Jetzt geht die Verf. davon aus, daß im parlamentarischen System die Regierungsmitglieder ebenso selbstverständlich Mitglieder des Parlaments sein können, wenn es nicht durch die Verf. verboten ist (wie z. B. Verf. der Freien Hansestadt Bremen v. 21. 10. 1947 Art. 108 — GBl. S. 251).

Artikel 35

(1) Der Senat und einzelne Senatoren können jederzeit zurücktreten. Sie scheiden aus ihrem Amt aus, wenn ihnen die Bürgerschaft das Vertrauen entzieht.

(2) Die Bürgerschaft kann dem Senat oder einzelnen Senatoren das Vertrauen nur dadurch entziehen, daß sie mit der Mehrheit ihrer gesetzlichen Mitgliederzahl den Senat oder einzelne Senatoren durch Neuwahl ersetzt. Der Antrag muß den Abgeordneten und dem Senat mindestens eine Woche vor der Beschlußfassung mitgeteilt werden; er muß von einem Viertel der Abgeordneten unterzeichnet sein.

(3) Wird die Zahl der Senatoren herabgesetzt, so kann die Bürgerschaft eine entsprechende Zahl von Mitgliedern mit der Mehrheit der Abgeordnetenstimmen entlassen.

1. Parlamentarisches System, das durch die Verf. 1921 eingeführt worden war. Sowohl der Senat als Kollegium wie die einzelnen Senatoren bedürfen des Vertrauens der Bürgerschaft. Das Mißtrauensvotum ist in Anlehnung an Art. 67 GG als „konstruktives Mißtrauensvotum" ausgestaltet, d. h. das Mißtrauen kann nur von einer Mehrheit ausgesprochen werden, die auch imstande ist, eine neue Regierung zu bilden. Eine sogenannte „unechte Opposition", die aus zwei oder mehr untereinander keineswegs einigen Gruppen besteht, selbst also keine Regierung bilden könnte, soll daran gehindert werden, den Senat durch ein Mißtrauensvotum zu einem geschäftsführenden Senat gemäß Art. 37 zu machen.

2. Art. 35 und 36 stärken die Stellung des Senats. Er ist selbständiger Träger der vollziehenden Gewalt und trotz seiner parlamentarischen Abhängigkeit nicht etwa nur ein Ausschuß des Parlaments oder dessen Organ. Die Bürgerschaft hat nicht das Recht, dem Senat Weisungen oder Richtlinien für die Ausübung seiner Regierungsgewalt zu erteilen (Wulff Anm. 3 zu Art. 36). Ein Ersuchen der Bürgerschaft an den Senat bindet ihn politisch — ihm droht bei Nichterfüllung das Mißtrauensvotum — aber nicht rechtlich. Erst recht darf die Bürgerschaft nicht selbst Befugnisse ausüben, die dem Senat zustehen.

3. Bei Verkleinerung des Senats bedarf es nur einfacher Mehrheit, um eine entsprechende Zahl von Senatoren zu entlassen. Das kann möglicherweise zu einer Umgehung des „konstruktiven Mißtrauensvotums" führen. Eine unechte Opposition, die aus mehreren unter sich uneinigen Gruppen besteht, aber die Mehrheit in der Bürgerschaft hat, könnte die Zahl der Senatoren z. B. von 12 auf 6 herabsetzen, evtl. mit einfacher Mehrheit das Senatsgesetz ändern und 6 namentlich bezeichnete Senatoren mit einfacher Mehrheit entlassen. Die Bürgerschaft hat bei Verabschiedung der Verf. diese Umgehungsgefahr bewußt in Kauf genommen, weil sie glaubte, den Abs. 3 erhalten zu müssen. Ohne den Abs. 3 könnte eine Herabsetzung der Zahl der Senatoren, die die Bürgerschaft beschlossen hat, daran scheitern, daß keiner der Senatoren zurücktritt.

4. Senatoren, die Mitglieder der Bürgerschaft sind, können bei den Abstimmungen, die nach Abs. 1 bis 3 erfolgen, mitstimmen. (So auch Wulff, Anm. 3 zu Art. 36 zu dem damaligen Mißtrauensvotum.)

Artikel 36

Findet ein Antrag des Senats, ihm das Vertrauen auszusprechen, nicht die Zustimmung der Mehrheit der gesetzlichen Mitgliederzahl der Bürgerschaft, so kann die Bürgerschaft binnen drei Monaten nach Eingang des Antrags

1. mit der Mehrheit ihrer gesetzlichen Mitgliederzahl einen neuen Senat wählen oder

2. dem Senat nachträglich das Vertrauen aussprechen oder

3. sich selbst auflösen.

Macht die Bürgerschaft von diesen Befugnissen keinen Gebrauch, so hat der Senat das Recht, die Bürgerschaft innerhalb weiterer zwei Wochen aufzulösen.

(2) Der Antrag des Senats, ihm das Vertrauen auszusprechen, muß mindestens eine Woche vor der Abstimmung eingebracht werden.

1. Art. 36 ist im Laufe der Beratungen im VerfA eingefügt worden, um dem Senat, der keine Mehrheit mehr hinter sich hat, dem wegen der Erschwernisse des Art. 35 aber auch nicht das Mißtrauen ausgesprochen werden kann, die Möglichkeit zur eigenen Initiative zu geben. Eine unechte Opposition könnte auch, ohne die Möglichkeit des Mißtrauensvotums zu haben, die Regierung praktisch dadurch lahm legen, daß sie alle Anträge des Senats einschließlich von Gesetzesvorlagen und Haushaltsanträgen ablehnt. Insbesondere in diesem Fall hat der Senat die Möglichkeit, seinerseits ein Vertrauensvotum zu verlangen und damit die Bürgerschaft unter den Druck einer kommenden Auflösung zu stellen.

2. Die Drei-Monatsfrist des Abs. 1 ist auch dann abgelaufen, wenn die Bürgerschaft drei Monate nach Eingang des Antrages überhaupt noch nicht abgestimmt hat. Bleibt die Bürgerschaft untätig, so hätte der Senat drei Monate nach Eingang seines Antrages die Möglichkeit, die Bürgerschaft aufzulösen. Daran wäre er auch nicht gehindert, wenn ihm die Bürgerschaft nach Ablauf der drei Monate das Vertrauen ausspricht, wohl aber, wenn die Bürgerschaft nach Ablauf der drei Monate einen neuen Senat wählt (Abs. 1 Ziff. 1). Tut das die Bürgerschaft, bevor sie durch den Senat aufgelöst ist, so hat der bisherige Senat zu existieren aufgehört.

3. Macht der Senat von seinem Auflösungsrecht innerhalb der Frist von zwei Wochen keinen Gebrauch, so verliert er es. Er müßte also gegebenenfalls erneut den Antrag stellen, ihm das Vertrauen auszusprechen, um erneut die Fristen des Abs. 1 in Lauf zu setzen.

4. Auflösung der Bürgerschaft gemäß Abs. 1 Ziff. 3 bedarf eines Antrages von wenigstens einem Viertel der Abg. (z. Zt. 30) und dieser Antrag muß mindestens zwei Wochen vor der Sitzung, in der die Auflösung beschlossen werden soll, allen Abg. und dem Senat mitgeteilt sein (Art. 11). Die Auflösung kann nur mit der Mehrheit aller Abgeordneten (z. Zt. mindestens 61) beschlossen werden.

5. Im Falle der Auflösung der Bürgerschaft, gleichgültig ob auf Beschluß der Bürgerschaft oder durch den Senat, muß die Neuwahl innerhalb von 60 Tagen stattfinden, obgleich Art. 11 Abs. 2 das ausdrücklich nur für den Fall bestimmt, daß die B ü r g e r s c h a f t ihre Auflösung beschlossen hat.

6. Die Auflösung durch den Senat erfolgt durch Mitteilung des Senats an die Bürgerschaft und wird mit dem Eingang beim Präsidenten der Bürgerschaft wirksam.

Artikel 37

(1) Tritt der Senat zurück, so führt er bis zur Wahl eines neuen Senats die Geschäfte weiter.

(2) Beim Rücktritt einzelner Senatoren entscheidet der Senat, ob sie die Geschäfte bis zur Wahl ihrer Nachfolger weiterführen oder sofort aus dem Senat auszuscheiden haben.

1. Das ist der einzige Fall eines geschäftsführenden Senats. Der Senat hat während dieser Zeit alle verfassungsmäßigen Rechte und Pflichten bis zur Neubildung eines Senats.

2. Auch für den geschäftsführenden Senat gilt das Verbot der Nebenbeschäftigung (Art. 39).

3. Ein einzelner Senator, der zurücktritt, ist verpflichtet, seine Geschäfte weiterzuführen, wenn der Senat es beschließt.

Artikel 38

(1) Jeder Senator hat vor Antritt seines Amtes vor der Bürgerschaft folgenden Eid zu leisten:

Ich schwöre, daß ich Deutschland, dem Grundgesetz der Bundesrepublik Deutschland und der hamburgischen Verfassung die Treue halten, die Gesetze beachten, die mir als Mitglied des Senats obliegenden Pflichten gewissenhaft erfüllen und das Wohl der Freien und Hansestadt Hamburg, soviel ich vermag, fördern will.

(2) Die Beifügung einer religiösen Beteuerung ist zulässig.

1. Der Wortlaut des Eides ist in den wesentlichen Teilen der gleiche wie in Verf. 1921 Art. 40. An die Stelle der Worte „daß ich der Reichsverfassung und der Hamburgischen Verfassung ..." sind die Worte getreten „daß ich Deutschland, dem Grundgesetz der Bundesrepublik Deutschland und der Hamburgischen Verfassung ....".

2. Der Eid wird vom Präsidenten der Bürgerschaft in einer Sitzung der Bürgerschaft abgenommen („vor der Bürgerschaft").

3. Die Verweigerung des Eides würde einer Ablehnung der Wahl gleichkommen. Vor der Eidesleistung dürfen die Rechte nicht ausgeübt werden (Wulff, Anm. 3 zu Art. 40).

Artikel 39

(1) Mit dem Amt der Senatoren ist die Ausübung jedes anderen besoldeten Amtes und jeder sonstigen Berufstätigkeit unvereinbar.

(2) Im Einvernehmen mit dem Bürgerausschuß kann der Senat genehmigen, daß Senatoren dem Verwaltungs- oder Aufsichtsrat eines den Gelderwerb bezweckenden Unternehmens angehören dürfen.

1. Damit ist jede andere Berufstätigkeit für Senatoren verboten. Anders Verf. 1921 Art. 39, wo eine „sonstige Berufstätigkeit" vom Senat gestattet werden konnte. Die Bestimmung ist bei den Beratungen im VerfA und in der Bürgerschaft sehr umstritten gewesen. Das Verbot jeglicher anderen Berufsausübung wurde mit 2 Gründen eingeführt:
a) die heutige Zeit beanspruche die volle Arbeitskraft eines Senators,
b) es gäbe kaum einen Beruf, bei dem einem Senator nicht ein Interessenkonflikt drohe.
Trotz dieser Gründe wird man angesichts des Wortlauts die Annahme eines unbesoldeten Amts für zulässig halten müssen, allerdings wohl nur dann, wenn es sich nicht um „eine sonstige Berufstätigkeit" handelt.

2. Unentgeltliche und gelegentliche Nebenbeschäftigung fallen nicht unter das Verbot, weil in beiden Fällen keine „Berufsausübung" vorliegt. Man wird grundsätzlich auch alles das für zulässig halten müssen, was einem Beamten ohne Genehmigung seiner vorgesetzten Behörde an Nebenbeschäftigungen erlaubt ist, also z. B. künstlerische, wissenschaftliche und schriftstellerische Betätigung.

3. Verf. 1921 und SenE sahen vor, daß auch die Mitgliedschaft im Vorstand eines Unternehmens zulässig sein sollte. Diese Bestimmung ist von der Bürgerschaft gestrichen worden, weil sie glaubte, daß damit der Abs. 2 dem Verbot des Abs. 1 widerspräche. SenE hatte die Möglichkeit mit der Begründung offenhalten wollen, daß bei im Eigentum des Staates stehenden Gesellschaften die Mitgliedschaft eines Senators im Vorstand erforderlich sein könne.

4. Verf. 1921 gab dem Senat allein die Möglichkeit, die nach Abs. 2 erforderliche Genehmigung auszusprechen. Jetzt muß der Senat vor Erteilung der Genehmigung Einvernehmen mit dem Bürgerausschuß herbeiführen.

5. Ein den Gelderwerb bezweckendes Unternehmen ist jede Gesellschaft des Handelsrechts, auch wenn sie tatsächlich den Gelderwerb nicht als Hauptaufgabe oder überhaupt nicht anstrebt, wie z. B. im alleinigen Staatsbesitz befindliche Versorgungsbetriebe.

Artikel 40

Das Gesetz bestimmt das Nähere über die Wahl, die rechtliche Stellung und die Bezüge der Senatoren.

1. Senatsgesetz v. 11. 1. 1951 (GVBl. S. 1). Das Wahlverfahren ist in den §§ 2 bis 4 geregelt.

2. Die Senatoren sind keine Beamten im Sinne des Beamtenrechts. Sie haben jedoch ein Amt (§ 9 Senatsgesetz). Sie sind daher Beamte im Sinne des StGB, im Sinne des Art. 34 GG (der allerdings nur von dem anvertrauten öffentlichen Amt und nicht vom Beamten spricht), im Sinne des § 839 BGB und im Sinne der §§ 27a bis 27c HbgAGBGB.

3. Die Senatoren erhalten ein Amtsgehalt in Höhe des Grundgehalts der Gruppe B 3a der Besoldungsordnung. Sie beziehen kein Wohnungsgeld und keine sonstigen Zulagen, wie etwa Kinderzulagen usw. (§ 13 Senatsgesetz). Die beiden Bürgermeister erhalten eine Aufwandsentschädigung, die übrigen Senatoren nicht. Beim Ausscheiden wird ein Übergangsgeld an den Senator gezahlt für die gleiche Zeit, während der der Ausscheidende Senator gewesen ist, höchstens jedoch für zwei Jahre. Bei Senatoren, die das 50. Lebensjahr vollendet haben, verlängert sich die Zeit, für die Übergangsgeld gezahlt wird (§ 17 Senatsgesetz). Das Übergangsgeld beträgt das halbe Amtsgehalt.

Senatoren, die mehr als 5 Jahre im Amt waren, erhalten mit Erreichen des 55. Lebensjahres oder bei Eintritt der Dienstunfähigkeit ein Ruhegehalt. Das Ruhegehalt beträgt 35% des Amtsgehalts und steigt bis auf 75% je nach Dienstalter (§§ 19 und 20 Senatsgesetz). Die Hinterbliebenenversorgung richtet sich nach beamtenrechtlichen Grundsätzen (§ 22 Senatsgesetz).

4. Hamburger Senatoren haben niemals Orden angenommen. Das ist unter Verf. 1879 durch Senatsbeschluß vom Jahre 1885 (Senatsprotokoll v. 27. 12. 1886) zum Ausdruck gekommen. Dieser Grundsatz ist aufrecht erhalten worden durch Beschluß des Senats v. 18. 3. 1952, auf Grund dessen dem Herrn Bundespräsidenten mitgeteilt worden ist, daß der Senat bittet, Senatoren und Senatssyndici kein Bundesverdienstkreuz zu verleihen. Dieser Grundsatz hat früher auch hinsichtlich ausgeschiedener Senatoren gegolten. Neuerdings ist aber in zwei Fällen früheren Senatoren das Bundesverdienstkreuz verliehen worden. (Hamburgischen Richtern ist die Annahme von Orden durch § 39 AGGVG verboten. Andere hamburgische Beamte bedurften nach gewohnheitsmäßiger Übung stets der Genehmigung des Senats zur Annahme fremder Orden und Titel.)

Artikel 41

(1) Der Senat wählt aus seiner Mitte in geheimer Abstimmung seinen Präsidenten (Ersten Bürgermeister) und seinen Stellvertreter (Zweiten Bürgermeister) auf die Dauer eines Kalenderjahres. Ihre Wiederwahl ist zulässig.

(2) Der Präsident des Senats hat die Aufgabe, die Senatsgeschäfte zu leiten, das innere und äußere Gedeihen des Staatswesens zu überwachen,

für wichtige Staatsangelegenheiten persönlich einzutreten und grundlegende Arbeiten auf dem Gebiet der Gesetzgebung und Verwaltung zu fördern.

1. Auch die Wahl des Präsidenten durch den Senat selbst ist Ausdruck des Kollegialprinzips. Erwägungen, den Präsidenten des Senats durch die Bürgerschaft als solchen wählen zu lassen, waren schon bei der Beratung der Verf. 1921 abgelehnt worden (anders Verf. von Groß-Berlin v. 1. 9. 1950 Art. 41 Abs. 1).

2. Die Amtsbezeichnungen „Erster Bürgermeister" und „Zweiter Bürgermeister" sind geschichtlich gewachsen und im täglichen Umgang üblich; im amtlichen Schriftverkehr wird hingegen fast ausschließlich die Bezeichnung „Präsident des Senats" verwandt.

3. Die Stellung des Präsidenten ist herausgehoben einmal durch die Tatsache, daß Wiederwahl unbeschränkt möglich ist, während Verf. 1879 Art. 17 nur Amtsdauer bis zu zwei Jahren erlaubte. Sie ist aber insbesondere durch die Bestimmung des Abs. 2 herausgehoben. Dadurch wird der Präsident in vieler Beziehung mehr als ein Primus inter pares. Seine Aufgabe, „die Senatsgeschäfte zu leiten, für wichtige Staatsangelegenheiten persönlich einzutreten und grundlegende Arbeiten zu fördern", wird in vielen Fällen dazu führen, daß er namens des Senats, allerdings vorbehaltlich dessen endgültiger Billigung, handelt.

4. Wenn weder der Erste noch der Zweite Bürgermeister anwesend ist, werden sie durch den nächstdienstältesten Senator vertreten.

Artikel 42

(1) Die Senatoren tragen nach einer vom Senat zu beschließenden Geschäftsverteilung die Verantwortung für die einzelnen Verwaltungsbehörden und Senatsämter. Sie haben dem Senat zur Beschlußfassung vorzulegen:

1. **alle an die Bürgerschaft zu richtenden Anträge;**
2. **Angelegenheiten, die mit Organen des Bundes oder anderer Länder verhandelt werden;**
3. **Angelegenheiten, für welche die Entscheidung des Senats durch die Verfassung oder ein Gesetz vorgeschrieben ist;**
4. **Angelegenheiten, die von grundsätzlicher oder allgemeiner Bedeutung sind oder die gesamte Verwaltung betreffen;**
5. **Meinungsverschiedenheiten über Fragen, die den Geschäftsbereich mehrerer Verwaltungsbehörden oder Senatsämter berühren.**

(2) Der Senat faßt seine Beschlüsse mit Stimmenmehrheit; jedem Senator steht es frei, seine abweichende Auffassung in die Niederschrift

aufnehmen zu lassen. Bei Stimmengleichheit entscheidet die Stimme des Vorsitzenden.

1. Der Senat beschließt die Geschäftsverteilung. Senatoren werden nicht für eine bestimmte Behörde oder eine bestimmte Aufgabe gewählt, sondern schlechthin als „Senator". Der Senat ist in der Verteilung der Geschäfte völlig frei.

2. Die Senatoren sind einzeln verantwortlich für den ihnen durch die Geschäftsverteilung übertragenen Bereich. Gegenüber der Bürgerschaft, gegenüber dem Bund und gegenüber den anderen Ländern tritt aber grundsätzlich nur der Senat auf, nicht die einzelnen Senatoren. Deswegen müssen Angelegenheiten, die mit der Bürgerschaft, mit dem Bund oder mit anderen Ländern zu verhandeln sind oder die sonst von allgemeinerer Bedeutung sind, dem Senat vorgelegt werden. Der Senat kann auch weitere Angelegenheiten an sich ziehen (§ 1 Abs. 4 Gesetz über Verwaltungsbehörden v. 3. 6. 1947 — in der Fassung v. 30. 7. 52 (GVBl. S. 163) — „Evokationsrecht").

Nach ständiger Hamburger Staatspraxis kann der Senat andererseits seine Angelegenheiten auch in Abteilungen, in Senatskommissionen oder durch einzelne Senatoren oder Sachbearbeiter erledigen lassen. Es bedarf also nicht immer einer Plenar-Entscheidung des Senats, wenn eine Angelegenheit „vom Senat" zu entscheiden ist (Wulff, Anm. 5 zu Art. 38). Nach außen tritt auch in solchen Fällen der Senat auf. Der Senat kann aber auch eine Delegation bestimmter Befugnisse auf eine Behörde oder ein Senatsamt vornehmen.

3. Die Verhandlungen und Protokolle des Senats sind vertraulich. Ohne Zustimmung des Senats dürfen weder Einzelheiten der Beratung noch das Abstimmungsverhältnis in die Öffentlichkeit dringen. Ein Senator, der seine abweichende Stellungnahme in die Niederschrift hat aufnehmen lassen, muß jedoch das Recht haben, auch Dritten gegenüber diese abweichende Stellungnahme bekanntzugeben.

4. Den Stichentscheid hat nicht nur der Erste Bürgermeister, wenn er selbst den Vorsitz führt, sondern gegebenenfalls auch der Zweite Bürgermeister oder der jeweils dienstälteste Senator. Der Stichentscheid erfolgt in der Weise, daß der Vorsitzende nach Feststellung der Stimmengleichheit erneut seine jetzt entscheidende Stimme abgibt. Er kann sich nach der Geschäftsordnung des Senats diese Stimmabgabe bis zur nächsten Sitzung vorbehalten.

Artikel 43

Der Senat vertritt die Freie und Hansestadt Hamburg gegenüber der Bundesrepublik Deutschland, den deutschen Ländern und dem Ausland.

Ihm obliegt die Ratifikation der Staatsverträge. Sie bedarf der Zustimmung der Bürgerschaft, sofern die Verträge Gegenstände der Gesetzgebung betreffen oder Aufwendungen erfordern, für die Haushaltsmittel nicht vorgesehen sind.

1. Bei der Gesetzgebung des Bundes wirken die Länder im Bundesrat mit. Die drei Vertreter der Freien und Hansestadt Hamburg werden vom Senat bestellt und abberufen (Art. 51 GG). Der Senat hat drei Senatoren zu Mitgliedern des Bundesrats bestimmt und sämtliche anderen Senatoren zu ihren Stellvertretern. Die Freie und Hansestadt Hamburg hat einen Bevollmächtigten bei der Bundesregierung in Bonn, der aber nicht Vertreter im Bundesrat sein kann, weil er kein Senator ist. Bei den deutschen Ländern bestehen keine Vertretungen mehr.

2. Verträge mit dem Ausland sind im Rahmen des Art. 32 Abs. 3 GG auch jetzt noch zulässig. Sie bedürfen der Zustimmung der Bundesregierung und können nur auf Gebieten abgeschlossen werden, für die die Gesetzgebung der Länder zuständig ist.

3. Das Exequatur für ausländische Konsuln wird für die Bundesrepublik Deutschland von der Bundesregierung erteilt, aber nur nach Befragen des Sitzlandes. Das Exequatur für in Hamburg ansässige Konsuln wird im Auftrage der Bundesregierung durch den Senat ausgehändigt mit der gleichzeitigen Zulassung durch den Senat.

4. Für die Ratifikation von Staatsverträgen, sei es mit dem Bund, sei es mit anderen Ländern, sei es auch mit auswärtigen Staaten, ist die Beschlußfassung der Bürgerschaft nur erforderlich, wenn Gegenstände der Gesetzgebung betroffen sind oder neue Haushaltsmittel erforderlich werden. Verf. 1921 sah in jedem Falle Beschlußfassung der Bürgerschaft vor. Die Bürgerschaft kann in diesem Falle nur zustimmen oder ablehnen, nicht etwa Änderungen der Verträge beschließen. Über die Verweigerung der Zustimmung kann sie aber naturgemäß in vielen Fällen auch Änderungen des Inhalts erzwingen.

Artikel 44

(1) Dem Senat steht das Begnadigungsrecht zu.

(2) Amnestien bedürfen eines Gesetzes. Strafverfahren darf der Senat nur auf Grund gesetzlicher Ermächtigung niederschlagen.

1. Der Senat übt damit das dem Staatsoberhaupt zustehende Begnadigungsrecht als eigenes, ihm von der Verfassung zugebilligtes Recht aus. Er ist dabei an Weisungen der Bürgerschaft nicht gebunden.

2. Die Landesgesetzgebung ist zuständig für eine Amnestie für von den Gerichten des Landes ausgesprochene Strafen. Dabei kommt es

auf die erstinstanzliche Zuständigkit an. Nach 1945 ist in Hamburg noch keine Amnestie erlassen worden. Nach Abschluß der Währungsreform hatte die Bürgerschaft den Senat ersucht, im Rahmen seiner Gnadenpraxis bei gewissen zeitbedingten Delikten großzügig zu verfahren. Zu jedem Weihnachtsfest pflegt der Senat im Wege der Einzelbegnadigung alle Strafen zu erlassen, deren Ende kurz nach dem Weihnachts- oder Neujahrsfest liegen würde. In beiden Fällen handelt es sich also nicht um Amnestien, sondern um eine größere Zahl ähnlich liegender Gnadenfälle.

Artikel 45

(1) Der Senat ernennt, befördert und entläßt die Beamten. Er kann dieses Recht auf andere Stellen übertragen.

(2) Die Ernennung und Beförderung der Beamten erfolgt auf Vorschlag eines Ausschusses, der aus drei Beamten des höheren Dienstes und vier bürgerlichen Mitgliedern besteht. Die bürgerlichen Mitglieder werden durch die Bürgerschaft auf die Dauer von drei Jahren berufen.

Der Ausschuß des Abs. 2, die sogen. Beamtenernennungskommission, kommt zum ersten Mal in Art. 15 Satz 2 und 3 der Vorläufigen Verf. v. 15. 5. 1946 (GVBl. S. 51) vor. Dort bestand der Ausschuß aus 3 Oberbeamten und 2 bürgerlichen Mitgliedern, die sämtlich von der Bürgerschaft auf unbestimmte Zeit gewählt wurden. Die 3 Oberbeamten werden jetzt durch den Senat ernannt. Es sind bisher immer 3 Senatssyndici gewesen.

In der Praxis liegt die Initiative zur Ernennung oder Beförderung von Beamten natürlich nicht bei dem Ausschuß, sondern bei den Fachbehörden oder Ämtern. Die Tätigkeit des Ausschusses ist vielmehr eine prüfende und sichtende. Ohne seinen Vorschlag kann der Senat jedoch keine Ernennung aussprechen.

Artikel 46

Der Senat nimmt die dem Staate zu leistenden Eide ab, soweit die Gesetze nichts anderes bestimmen. Er kann die Abnahme von Eiden anderen Stellen übertragen.

Insbesondere den Eid nach Art. 74 dieser Verf., nicht aber natürlich den Eid der Senatoren nach Art. 38, den der Präsident der Bürgerschaft abnimmt.

Artikel 47

(1) Der Senat kann zu seiner Beratung und zur Bearbeitung seiner Angelegenheiten beamtete Senatssyndici ernennen. Sie sollen in der Regel

die Befähigung zum höheren Verwaltungsdienst besitzen. Artikel 45 Absatz 2 findet keine Anwendung.

(2) Die Senatssyndici nehmen, wenn der Senat im Einzelfall nichts anderes beschließt, an seinen Sitzungen mit beratender Stimme teil.

(3) Werden einem Senatssyndicus Aufgaben innerhalb einer Verwaltungsbehörde oder eines Senatsamtes übertragen, so ist er insoweit unbeschadet des Absatzes 2 an die Weisungen des zuständigen Senators gebunden.

1. Verf. 1921 Art. 50 hatte die Amtsbezeichnung „Staatsräte" eingeführt (so noch jetzt in Bremen). Seit Vorl. Verf. 1946 Art. 16 wieder „Senatssyndici", wie sie mindestens seit dem 15. Jahrhundert in den Hansestädten hießen. Bis Verf. 1921 waren sie keine Beamte im Sinne des Hamburgischen Beamtenrechts, aber auf Lebenszeit angestellt.

2. Die Stellung der Senatssyndici gleicht weitgehend derjenigen der beamteten Staatssekretäre (Niedersachsen) oder Ministerialdirektoren (Nordrhein-Westfalen und Schleswig-Holstein) der anderen Länder. Sie unterscheidet sich aber dadurch, daß sie in erster Linie Berater und Mitarbeiter des Kollegiums sind, der einzelnen Senatoren erst in zweiter Linie. Abs. 3 deutet aber auf eine mögliche Entwicklung nach dieser Richtung hin.

3. Die eigenartige Stellung der Senatssyndici führt dazu, daß auch ein Senatssyndicus, dem Aufgaben nach Abs. 3 übertragen worden sind, bei den Beratungen des Senats einen anderen Standpunkt vertreten kann, als „sein Präses".

4. Senatssitzungen ohne Teilnahme der Syndici (in senatu) sind selten, kommen aber vor.

IV.

Die Gesetzgebung

1. Die Gesetzgebung in Hamburg erfolgte ursprünglich durch einmütigen Schluß von Rat und Erbgesessener Bürgerschaft (A. Bertram Gesetz und Bürgerschaftsbeschluß in Hamburg, HansRZ 1926 Sp. 241 ff., Westphalen S. 13). Verf. 1879 noch schreibt für die Gesetzgebung übereinstimmenden Beschluß von Senat und Bürgerschaft vor. Erst Verf. 1921 gibt der Bürgerschaft die legislative Gewalt, wobei jedoch durch das auch heute (Art. 50) bestehende Einspruchsrecht des Senats (suspensives Veto) diesem ein Mitwirkungsrecht gegeben ist.

2. Der IV. Abschnitt bezieht sich nur auf Gesetze im formellen Sinn — Gesetz im Sinne dieses Abschnittes ist also „Akt der hamburgischen Legislative" (s. Anschütz V. Abschnitt S. 359) — und

behandelt in den Art. 53 und 54 auch Rechtsverordnungen. Verf. 1879 hatte unter Gegenstände der Gesetzgebung auch der Bürgerschaft obliegende Verwaltungsakte aufgezählt. Auch diese Verwaltungsakte sind „Akte der Legislative". Insoweit hatte aber bereits Verf. 1921 die Gesetzesform durch „Beschluß der Bürgerschaft" ersetzt (Bertram aaO. Sp. 244). Der Haushaltsplan wird in Hamburg nicht wie im Bund durch Gesetz, sondern durch Beschluß der Bürgerschaft festgestellt (Art. 66 Abs. 2), wobei in Anbetracht seiner Bedeutung die Vorschriften des Art. 49 Abs. 2 (nicht aber Abs. 3, dessen Anwendung allerdings die GeschO vorschreiben könnte) kraft ausdrücklicher VerfBestimmung Anwendung finden. Grundsätzlich sind daher in Hamburg formelle Gesetze auch materielle Gesetze, also Rechtssätze, jedoch gibt es eine Reihe von Ausnahmen in Gestalt von Gesetzen lediglich formeller Art z. B. Feststellung der Durchführungspläne, GVBl. 52 S. 149ff., die gemäß § 11 Abs. 2 des Aufbaugesetzes v. 11. April 1949 — GVBl. S. 45 —die Gesetzesform erfordern.

3. Für die zweite Art eines „Aktes der Legislative", für Beschlüsse der Bürgerschaft, ist grundsätzlich eine zweimalige Lesung nicht erforderlich. Das gilt insbesondere für die Zustimmung der Bürgerschaft zu einer Änderung von Verkehrstarifen (so Beschluß der Bürgerschaft v. 11. Juli 1923, StenBer S. 855, Mittelstein Bem. 2 zu Art. 52).

Für die Genehmigung der Tarife der Hamburger Hochbahn AG sind gemäß § 10 der Verleihungsurkunde v. 3. Juli 1918 Senat und Bürgerschaft zuständig. In der 17. Sitzung v. 22. Aug. 1947 (StenBer. S. 203) hat die Bürgerschaft den Senat ersucht, ihr alle beabsichtigten Tarifänderungen der staatlichen und halbstaatlichen Versorgungs- und Verkehrsbetriebe zur Genehmigung vorzulegen. Demgemäß ist (Vorlage des Senats an die Bürgerschaft Nr. 38 v. 22. Febr. 1951) die Genehmigung der Bürgerschaft erforderlich für die Tarife der

Hamburger Hochbahn AG
Hamburger Elektrizitätswerk AG
Hamburger Gaswerke GmbH
Hamburger Wasserwerke GmbH
Hafendampfschiffahrt AG

Für die übrigen wirtschaftlichen Unternehmen, nämlich

Bergedorf-Geesthachter Eisenbahn AG
Eisenbahngesellschaft Altona-Kaltenkirchen-Neumünster
Hamburger Hafen- und Lagerhaus AG
Fischmarkt Hamburg-Altona GmbH

ist der Senat in der genannten Vorlage davon ausgegangen, daß Tarife und Gebühren wegen der geringfügigen Bedeutung nicht durch die Bürgerschaft zu genehmigen seien. Die Bürgerschaft hat dies zur Kenntnis genommen und damit die Auffassung des Senats geteilt.

Zweimalige Lesung muß jedoch bei der Feststellung des Haushalts (Art. 66 Abs. 2) und gem. Art. 69 bei solchen Beschlüssen stattfinden, die

a) Anträgen aus der Mitte der Bürgerschaft stattgeben und Ausgaben erfordern, für die Mittel im Haushaltsplan nicht vorgesehen sind,

b) Anträge des Senats auf Nachbewilligungen ändern.

Auch Art. 69 nämlich verweist auf Art. 49 Abs. 2.

4. Die Gesetzgebung steht ausschließlich der Bürgerschaft und in den Fällen des Art. 31 ihrem Organ, dem Bürgerausschuss, zu. Der Volksentscheid ist nicht wieder eingeführt worden, hierzu heißt es im Bericht des VerfA:

„Volksbegehren und Volksentscheid, wie sie in den Art. 53, 58 u. a. der Verf. 1921 vorgesehen waren, sind vom VerfA in Übereinstimmung mit dem SenE nicht wieder übernommen worden. Solange die Verf. 1921 galt, hat weder ein hamburgisches Volksbegehren noch ein hamburgischer Volksentscheid stattgefunden. Wo Volksbegehren und Volksentscheid als Haupterscheinungsformen der unmittelbaren Demokratie noch lebendig sind, wie z. B. in der Schweiz und in einer Reihe von Gliedstaaten der USA, beruht dies auf besonderen, geschichtlich begründeten Gegebenheiten. Die Erfahrung in den großen europäischen Demokratien zeigt, daß in einem modernen Staat die notwendig komplizierte Gesetzgebung am besten durch ein gewähltes Parlament erfolgt."

5. Die allgemeine Befugnis zum Erlaß von Rechtsverordnungen hat die Verf. dem Senat im Interesse der Trennung von Exekutive und Legislative nicht zugestanden (vgl. Art. 53 Satz 2 des Senatsentwurfs-StenBer 52 S. 641 und VerfBer. S. 655). Soweit Bundes- oder Landesgesetze den Senat nicht gem. Art. 53 zum Erlaß von Rechtsverordnungen ermächtigen, müssen Rechtssätze, die die Allgemeinheit binden (materielle Gesetze) in der Form von Gesetzen ergehen.

Artikel 48

(1) Die Gesetzesvorlagen werden vom Senat oder aus der Mitte der Bürgerschaft eingebracht.

(2) Die Gesetze werden von der Bürgerschaft beschlossen.

Das Vorschlagsrecht für Gesetze, die Gesetzesinitiative, liegt ausschließlich beim Senat und bei den Mitgliedern der Bürgerschaft, wobei die GeschO der Bürgerschaft vorschreiben kann, daß ein Initiativ-Antrag von einer bestimmten Mindest-Anzahl von Abg. gestellt werden muß.

Artikel 49

(1) Gesetzesvorlagen des Senats müssen einer zweimaligen Lesung (Beratung und Abstimmung) unterzogen werden, wenn sich nicht bei der ersten Abstimmung mindestens zwei Drittel der anwesenden Abgeordneten für die Annahme erklärt haben.

(2) Gesetzesvorlagen, die aus der Mitte der Bürgerschaft eingebracht sind, und Anträge, welche die Änderung von Senatsvorlagen bezwecken, bedürfen in jedem Falle einer zweimaligen Lesung. Zwischen der ersten und der zweiten Abstimmung müssen mindestens sechs Tage liegen. Dem Senat ist das Ergebnis der ersten Lesung unverzüglich mitzuteilen. Mit seinem Einverständnis kann die zweite Lesung zu einem früheren Zeitpunkt stattfinden; auf seinen Antrag ist sie bis zu einem Monat auszusetzen.

(3) Die zweite Lesung darf nur dann am gleichen Tage stattfinden, wenn sich kein Widerspruch erhebt. Widerspruch kann nur von einem Viertel der anwesenden Abgeordneten erhoben werden.

1. Der Begriff der Lesung wird durch die Verf. als „Beratung und Abstimmung" definiert. Im Gegensatz zum Verfahren im Bundestag (§§ 78, 79 der GeschO des BTages) handelt es sich in Hamburg um eine Sachabstimmung, nicht nur um den Beschluß auf Ausschußüberweisung. Die GeschO des BTages sieht drei „Lesungen" vor, wobei die erste Lesung im Einbringen der Vorlage nebst Beschluß auf Überweisung an einen Ausschuß bestehen kann. Dieser Vorgang ist nach Terminologie der hamb. Verf. noch keine Lesung i. S. Art. 49; vielmehr beginnt die erste Lesung erst mit der Beratung des endgültigen Ausschußentwurfs, bei einer Rückverweisung an den Ausschuß also erst nach der erneuten Vorlage.

2. Zum Begriff des Gesetzes vgl. Vorbem. 2 zu Art. 48. Abs. 1 behandelt die Gesetzesvorlagen des Senats, Abs. 2 diejenigen, die aus der Mitte der Bürgerschaft stammen oder aber als Abänderungsanträge zu Gesetzesvorlagen des Senats gestellt sind.

3. Die Bestimmungen des Abs. 2 sollen übereilte Beschlüsse der Bürgerschaft verhindern. Dem Senat wird hierbei in beschränktem Umfange — insbesondere durch das suspensive Veto — eine an eine zweite Kammer erinnernde Stellung eingeräumt.

4. Abs. 3 führt einen Minderheitsschutz in der Bürgerschaft ein. Das Widerspruchsrecht eines Viertels der anwesenden Abgeordneten erscheint dem in Abs. 2 vorgesehenen Widerspruchsrecht des Senats nebengeordnet. Es bezieht sich nach der systematischen Stellung der Vorschrift sowohl auf Gesetzesvorlagen des Senats (Abs. 1), soweit hier überhaupt eine zweite Lesung erforderlich ist, als auch auf solche aus der Mitte der Bürgerschaft (Abs. 2).

Artikel 50

Der Senat hat das Recht, gegen ein von der Bürgerschaft beschlossenes Gesetz innerhalb eines Monats unter Darlegung der Gründe Ein-

spruch zu erheben. Alsdann ist die Beschlußfassung der Bürgerschaft zu wiederholen. Das Gesetz tritt nur in Kraft, wenn ihm bei der erneuten Lesung die Mehrheit der gesetzlichen Mitgliederzahl zustimmt.

1. Dem Senat ist ein suspensives Veto gegeben. Die Vorschrift, die der des Art. 53 Verf. 1921 nachgebildet ist, erinnert an die frühere Stellung des Senats als zweite Kammer und dient ebenfalls der Verhinderung übereilter Beschlüsse des Parlaments.

Der Senat hat damit eine starke Stellung innerhalb der Gesetzgebung. Er kann zunächst die zweite Lesung eines Gesetzes gem. Art. 49 Abs. 2 ohne Begründung auf einen Monat aussetzen lassen. Ist trotzdem das Gesetz von der Bürgerschaft beschlossen worden, so hat er vom Tage der Beschlußfassung an eine weitere Frist von einem Monat zur Erhebung eines Einspruchs, wobei auch die Begründung des Einspruchs innerhalb der Frist bei der Bürgerschaft eingegangen sein muß. Nach Eingang des Einspruchs hat die Bürgerschaft erneut Beschluß zu fassen, aber nur in einer Lesung. Folgerichtig spricht der Text daher von „der erneuten Lesung", bei der die Mehrheit der gesetzlichen Mitgliederzahl, also mindestens 61 Abg., zustimmen müssen, um ein „endgültig beschlossenes Gesetz" i. S. des Art. 52 zu schaffen.

2. Die Bestimmung findet auch auf Gesetze Anwendung, die auf Senatsvorlagen beruhen.

Artikel 51

Zu einem die Verfassung ändernden Gesetz sind zwei übereinstimmende Beschlüsse der Bürgerschaft erforderlich, zwischen denen ein Zeitraum von mindestens dreizehn Tagen liegen muß. Beide Beschlüsse müssen bei Anwesenheit von drei Vierteln der gesetzlichen Mitgliederzahl und mit einer Mehrheit von zwei Dritteln der anwesenden Abgeordneten gefaßt werden.

1. Auch die Verf. kann im Wege der Gesetzgebung geändert werden. Die Verf. steht daher nicht über der gesetzgebenden Gewalt, sondern zur Disposition der hamburgischen Legislative (s. Anschütz Bem. 1 zu Art. 76). Eine Verfassungsänderung darf jedoch den Grundsätzen des republikanischen, demokratischen und sozialen Rechtsstaates, wie das GG (Art. 28) sie als verfassungsmäßige Ordnung der Länder verlangt, nicht widersprechen. Anderenfalls wäre der Bund berechtigt, das Bundesverfassungsgericht anzurufen (Art. 93) oder aber im Wege des Bundeszwanges (Art. 37) in Hamburg einzugreifen.

2. Die Regelung der Verfassungsänderung entspricht Art. 55 Verf. 1921. Auch gegenüber verfassungsändernden Gesetzen hat der Senat das

sich aus Art. 49 Abs. 2 ergebende Recht, die zweite Lesung auf einen Monat aussetzen zu lassen und alsdann gem. Art. 50 Einspruch zu erheben. Die besondere Regelung des Art. 51 erschwert eine Verfassungsänderung gegenüber einem einfachen Gesetz und verhindert lediglich, daß die gem. Art. 49 Abs. 2 eher mögliche zweite Lesung vor dem Ablauf von 13 Tagen stattfindet (ebenso Wulff, Bem. 13 zu Art. 55).

3. Die Frist von 13 Tagen ist gewählt, um die zweite Lesung an einem ordentlichen Sitzungstag — in der Regel der Mittwoch jeder zweiten Woche — vornehmen zu können.

4. Die hamb. Verf. schreibt nicht, wie Art. 79 GG vor, daß bei einer VerfÄnderung der Wortlaut der Verf. geändert werden muß. Der vom Reichsgericht (JW 1927 S. 2198) geprägte Satz:

„Für die Wirksamkeit einer Verfassungsänderung ist nicht erforderlich, daß sie vom Gesetzgeber ausdrücklich als solche bezeichnet oder gar in die Verfassung als solche aufgenommen wird."

ist daher für das hamburgische Verfassungsrecht nach wie vor gültig. Von dem Text der Verf. abweichende Gesetze (Verfassungsdurchbrechung) bedürfen der Voraussetzungen des Art. 51.

Artikel 52

Der Senat hat die endgültig beschlossenen Gesetze innerhalb von vierzehn Tagen auszufertigen und im Hamburgischen Gesetz- und Verordnungsblatt zu verkünden.

1. „Endgültig beschlossen" ist ein Gesetz, gegen das von niemand mehr Einspruch eingelegt werden kann, insbesondere also nach Ablauf der einmonatigen Frist des Art. 50. Von diesem Zeitpunkt an läuft die Frist von 14 Tagen. Verkündet der Senat früher, so verzichtet er damit auf sein Einspruchsrecht.

2. Der Senat erhält den Text eines beschlossenen Gesetzes von der Bürgerschaft und darf von dem Wortlaut nicht abweichen (Mittelstein Bem. 2 zu Art. 56), ausgenommen natürlich bei etwaigen Druck- oder Schreibfehlern.

3. Für die Ausfertigung, also die formelle und authentische Erklärung des staatlichen Gesetzgebungswillens (so Wulff Bem. 5 zu Art. 56 mit Bezugnahme auf Laband), ist verfassungsmäßig eine bestimmte Formel nicht vorgeschrieben (vgl. Bertram aaO. Sp. 249). Üblicherweise lautet diese Formel in Hamburg: „Der Senat verkündet das nachstehende, von der Bürgerschaft beschlossene Gesetz: . . . Ausgefertigt Hamburg, den . . . . Der Senat." Bei einem verfassungsändernden Gesetz oder einem Gesetz des Bürgerausschusses wird eine andere Formel zu wählen sein.

4. Die Verkündung (Publikation) der früher durch einmütigen Beschluß von Rat und Erbgesessener Bürgerschaft zustande gekommenen Gesetze (Vorbem. 1 zu Art. 48) war in Hamburg nicht üblich, die Gesetze waren sofort bindendes Recht (Prinzip der materiellen Publikation). Erst 1851 wurde das hamb. Amtsblatt als abgesonderter Teil des „hamb. unparteiischen Correspondenten" geschaffen und erschien 1887 selbständig (vgl. Bertram aaO. Sp. 247, Wulff Bem. 6 zu Art. 56, Bem. 6 u. 7, S. 150 mit Judikatur- und Lit.-Hinweisen).

5. Das „Hamburgische Gesetz- und Verordnungsblatt" trat gem. Ges. v. 30. Dez. 1920 (Amtsblatt S. 1559) ab 1. Jan. 1921 an die Stelle des „Amtsblattes der freien und Hansestadt Hamburg". Die „Bekanntmachung, betreffend das Hamburgische Gesetz- und Verordnungsblatt" v. 30. Dez. 1920 (Amtsblatt S. 1559) brachte „zur öffentlichen Kenntnis", daß das Hamb. G. u. VBl. aus einem Hauptblatt und einem Beiblatt besteht, daß die Bezeichnung „Amtlicher Anzeiger Beiblatt zum Hamburgischen Gesetz- und Verordnungsblatt" führt. Es heißt in der Bekanntmachung weiter:

„Das Hauptblatt wird die Gesetze und Verordnungen der hamburgischen Staatsbehörden enthalten, während das Beiblatt alle übrigen Bekanntmachungen sowie die amtlichen Anzeigen enthalten wird."

Nachdem das hamb. Oberverwaltungsgericht — übrigens zu Unrecht — den „Amtlichen Anzeiger" nicht als ordnungsmäßiges Publikationsorgan für Rechtsverordnungen bezeichnete (Urteil v. 20. 6. 1949, MDR 1949 S. 642ff. vgl. demgegenüber die ständige hamburgische Praxis seit 1921 Wulff Bd. 1 Bem. 2 S. 151), gab der Senat durch die „Änderung der Bekanntmachung betr. das Gesetz- und Verordnungsblatt" v. 30. 12. 1949 (GVBl. S. 289) zur Behebung aller etwaigen Zweifel bekannt:

„Die beiden Teile des Hamburgischen Gesetz- und Verordnungsblattes erhalten mit Wirkung v. 1. Jan. 1950 die Bezeichnung „Hamburgisches Gesetz- und Verordnungsblatt, Teil I" und „Amtlicher Anzeiger, Teil II" des Hamburgischen Gesetz- und Verordnungsblattes.

Der Teil I wird wie bisher grundsätzlich alle Veröffentlichungen von dauerndem Wert, insbesondere Gesetze und Verordnungen enthalten, während im Teil II im wesentlichen alle Veröffentlichungen von vorübergehender Bedeutung und die amtlichen Anzeigen erscheinen werden."

6. Art. 52 bezieht sich nur auf formelle Gesetze. Rechtsverordnungen des Senats bedürfen nach der Verf. nicht der Verkündung im GVBl. Ein Gesetz über Verkündung von Rechtsverordnungen, wie es im Bunde besteht (Ges. v. 30. Jan. 1950, BGBl. 1950 S. 23), fehlt in Hamburg. Es ist jedoch anerkannten Rechts, daß Rechtsverordnungen einer Publikation bedürfen. In der Regel wird in Hamburg das GVBl. hierfür dienen. In Ausnahmefällen, wie früher bei einer VO auf Grund des Art. 48

WeimRV, genügt die Verkündung durch Anschlag (so Hans.OLG mit Urteil v. 16. Mai 1924, HansRZ 1924 Sp. 513) oder durch sonstige Mittel wie Rundfunk, Presse.

Artikel 53

(1) Der Senat kann durch Gesetz ermächtigt werden, Rechtsverordnungen zu erlassen. Dabei müssen Inhalt, Zweck und Ausmaß der erteilten Ermächtigung im Gesetz bestimmt werden.

(2) Die Rechtsgrundlage ist in der Verordnung anzugeben. Ist durch Gesetz vorgesehen, daß eine Ermächtigung weiter übertragen werden kann, so bedarf es zur Übertragung einer Rechtsverordnung.

1. Eine Verordnung ist ein Akt der Exekutive. Eine Rechtsverordnung stellt Rechtssätze für die Allgemeinheit auf im Gegensatz zur Verwaltungsverordnung. Der Grundsatz der Gesetzmäßigkeit der Verwaltung erfordert, daß Rechtsverordnungen einer gesetzlichen Grundlage bedürfen (Jellinek, Verwaltungsrecht § 7 IV Ziffer 1). Nichts anderes sagt Art. 53.

2. VOen des Senats sind der Legitimationsprüfung unterworfen (Wulff, Bem. 2 zu Art. 51). Die generelle Ermächtigung zu Ausführungsverordnungen des Art. 56 Verf. 1921 besteht nicht mehr.

3. Die Ermächtigung des Senats kann auch in außerhamburgischen Normen enthalten sein.

Artikel 54

Gesetze und Verordnungen treten, soweit in ihnen nichts anderes bestimmt ist, mit dem auf die Ausgabe des Hamburgischen Gesetz- und Verordnungsblattes folgenden Tag in Kraft.

Bundesgesetze treten 14 Tagen nach Ausgabe des BGBl. in Kraft (Art. 82 GG). Für hamb. Gesetze galt früher der Tag der Verkündung (Ges. v. 8. Dez. 1851), Verf. 1921 hatte bereits die jetzige Regelung (Art. 56).

V.

Die Verwaltung

Artikel 55

Die Senatoren leiten die einzelnen Verwaltungszweige, für die sie die Verantwortung tragen (Artikel 42 Absatz 1 Satz 1).

1. Noch im zweiten Bericht des VerfA hatte der Art. folgenden Wortlaut:

„Die Verwaltungsbehörden und Senatsämter werden nach Weisungen der zuständigen Senatoren von fachlich geeigneten Beamten geleitet."

Diese Fassung war aus VorlVerf übernommen. Sie sollte zum Ausdruck bringen, daß es nicht Aufgabe der Senatoren ist, sich auch mit der laufenden Verwaltungsarbeit zu befassen.

Bei der Schlußberatung im Plenum ist schließlich der gegenwärtigen Fassung doch der Vorzug gegeben worden, weil bei stadtstaatlicher Verwaltung eine Trennung zwischen Leitung und „politischer Oberleitung" praktisch nicht durchführbar ist. Die tatsächliche Entwicklung ist auch dahin gegangen, daß die Senatoren ihre Verwaltungszweige selbst leiten und sich nicht auf die Erteilung von Weisungen beschränken.

2. Die Vorschrift verwendet bewußt den Plural „Die Senatoren", um auch dadurch zum Ausdruck zu bringen, daß auch für einen Verwaltungszweig mehrere Senatoren verantwortlich sein können. Es muß dann allerdings einer von ihnen in einer Behörde zum Präses und die anderen zu stellvertretenden Präsides bestellt werden. Es hat in Hamburg aber immer Behörden gegeben, die von mehreren Senatoren geleitet werden.

3. Im Gegensatz zum Entwurf des VerfA, der von Verwaltungsbehörden und Senatsämtern sprach, ist hier der allgemeinere Ausdruck „Verwaltungszweige" verwendet worden (vgl. Verf 1921 Art. 60 Abs. 2). Soweit der Senat die Verwaltung nicht unmittelbar als Kollegium ausübt, was natürlich die Ausnahme ist, kommen im wesentlichen drei Formen der „Verwaltungszweige" in Betracht:

a) Senatskommissionen (z. B. Senatskommission für die Justizverwaltung und Senatskommission für Verwaltungsbeschwerden),
b) Verwaltungsbehörden (§ 4 des Gesetzes über Verwaltungsbehörden),
c) Senatsämter (z. B. Senatskanzlei, Personalamt, Organisationsamt, Rechtsamt, Staatsarchiv usw.).

Verwaltungsbehörden sind nach hamburgischem Sprachgebrauch nur solche Verwaltungszweige, bei denen eine Deputation mitwirkt. Anders als der Sprachgebrauch in anderen deutschen Ländern und der Verwaltungsrechtslehre werden andere Verwaltungszweige im hamburgischen Verwaltungsrecht niemals als Behörde bezeichnet. Der hamburgische Begriff ist also enger, weil er gleichzeitig eine bestimmte organisatorische Ausgestaltung in sich schließt (vgl. Gesetz über Verwaltungsbehörden vom 3. 6. 1947 in der Fassung vom 30. 7. 1952, GVBl. S. 163).

Artikel 56

Das Volk ist zur Mitwirkung an der Verwaltung berufen. Die Mitwirkung geschieht insbesondere durch die ehrenamtlich tätigen Mitglieder der Verwaltungsbehörden.

1. Verf 1921 führt ausdrücklich als einzigen Fall der ehrenamtlichen Mitwirkung die Mitglieder der Verwaltungsbehörden auf, also die jetzigen Deputierten. Im VerfA war erwogen worden, in der Verf sowohl die Deputierten wie die Bezirksverordneten zu erwähnen. Da es aber auch noch andere Fälle der ehrenamtlichen Mitwirkung an der Verwaltung gibt (z. B. Verwaltungsausschüsse), wurden die Deputierten beispielhaft durch die Einfügung des Wortes „insbesondere" aufgeführt. Die Verf will also die angeschnittene Frage nicht abschließend regeln, sondern lediglich den Grundsatz herausstellen.

2. Die Mitwirkung des Volkes an der Verwaltung, insbesondere in der Form der Deputierten, ist eine typisch hansestädtische Form der Verwaltungsausübung. Sie war 1921 mit einer ausführlichen Begründung des VerfA (Wulff Anm. 10 zu Art. 59) übernommen worden. Auch nach 1945 wurde die Wiederherstellung dieser Form der Verwaltungsausübung für eine der dringendsten Aufgaben gehalten, und das Gesetz über Verwaltungsbehörden vom 3. 6. 1947 in der Fassung vom 30. 7. 1952 (GVBl. S. 163) ist einer der ersten grundsätzlichen Gesetzentwürfe nach Erlaß der VorlVerf.

3. Die Mitwirkung erfolgt sowohl in beschließender (Deputierte, §§ 11—13 des Gesetzes über Verwaltungsbehörden) wie in beratender Form (Landesausschuß, § 30, Fach- und Ortsausschüsse, § 20 des Gesetzes über die Bezirksverwaltung vom 21. 9. 1949, GVBl. S. 223).

Artikel 57

Das Gesetz regelt Gliederung und Aufbau der Verwaltung. Der Senat grenzt die einzelnen Verwaltungszweige gegeneinander ab.

1. Gliederung und Aufbau der Verwaltung sind durch das Gesetz über Verwaltungsbehörden vom 3. 6. 1947 in der Fassung vom 30. 7. 1952 (GVBl. S. 163) geregelt. Die Fachbehörden sind im § 4 dieses Gesetzes aufgezählt (z. Zt. 12). Während das Gesetz über den Aufbau der Verwaltung vom 19. 11. 1926 (GVBl. S. 751) auch die Ämter, die dem Senat zur Verfügung standen, festlegte, überläßt das Gesetz über Verwaltungsbehörden die Bildung von Senatskommissionen und die Einrichtung von Senatsämtern dem Senat (§ 1 Abs. 1).

2. Die Abgrenzung der einzelnen Verwaltungszweige gegeneinander kann durch Verordnung oder durch eine nicht verkündete Anordnung sowohl allgemein wie auch für den Einzelfall durch den Senat erfolgen. Verf 1921 Art. 60 Abs. 2 verlangte Abgrenzung durch eine Verordnung.

Artikel 58

Wer im Dienste der Freien und Hansestadt Hamburg steht, dient der Gesamtheit. Er hat seine Aufgabe unparteiisch und ohne Rücksicht auf die Person nur nach sachlichen Gesichtspunkten wahrzunehmen.

1. Der Artikel stellt den Grundsatz der Unparteilichkeit für den gesamten öffentlichen Dienst auf. Er verbietet nicht eine politische Betätigung der öffentlich Bediensteten, wie es noch Art. 21 Abs. 2 VorlVerf tat. Er verbietet aber, daß die politische Auffassung des Bediensteten oder andere nicht aus der Sache entstandene Gesichtspunkte die Entscheidung des Bediensteten beeinflussen.

2. Der SenE hatte von „Verwaltungsangehörigen" gesprochen, VerfA hatte stattdessen den Ausdruck „Bedienstete" verwendet und erst im Plenum ist die jetzige Fassung „wer im Dienste der Freien und Hansestadt Hamburg steht" gewählt worden. Ein sachlicher Unterschied war mit der Textänderung nicht beabsichtigt. Bei allen drei Fassungen war die Verpflichtung zur unparteilichen Wahrnehmung der Aufgaben sowohl an Beamte wie an Angestellte wie an Arbeiter wie aber auch an jeden anderen gerichtet, der die Aufgaben der Freien und Hansestadt Hamburg wahrnimmt.

Artikel 59

(1) Jeder Deutsche hat nach seiner Eignung, Befähigung und fachlichen Leistung gleichen Zugang zu jedem öffentlichen Amte.

(2) Die Beamten werden auf Lebenszeit ernannt, soweit nicht durch Gesetz etwas anderes bestimmt ist. Das Gesetz regelt die rechtlichen Grundlagen des Beamtenverhältnisses, insbesondere die Dienst- und Versorgungsbezüge. Für die vermögensrechtlichen Ansprüche der Beamten steht der Rechtsweg offen.

(3) Die Beamten können vorläufig oder endgültig nur unter den gesetzlich bestimmten Voraussetzungen und in dem gesetzlich geregelten Verfahren ihres Amtes enthoben, in den Ruhe- oder Wartestand oder in ein anderes Amt mit geringerem Gehalt versetzt werden.

1. Abs. 1 ist wörtlich gleichlautend mit Art. 33 Abs. 2 GG. Er ist bewußt in die hamburgische Verfassung aufgenommen worden, obgleich Wiederholungen der Bestimmungen des Grundgesetzes möglichst vermieden worden sind. Er ist eine besondere Ausprägung des Grundsatzes der Gleichheit vor dem Gesetz.

2. Die Abs. 2 und 3 sind eine genauere Ausführung des Grundsatzes, der in Art. 33 Abs. 5 GG aufgestellt ist. Die dort geforderte Regelung „nach den hergebrachten Grundsätzen des Berufsbeamtentums" findet hier ihre Einzelregelung darin, daß

a) Beamte grundsätzlich auf Lebenszeit angestellt werden,
b) ihre Rechtsverhältnisse durch Gesetz geregelt werden,
c) für die vermögensrechtlichen Ansprüche der Rechtsweg offensteht.

Die Begründung zum SenE hatte dazu folgendes ausgeführt:

„Für die staatliche Tätigkeit wird ein Kreis von Bediensteten für erforderlich gehalten, der über die arbeitsrechtlichen Bindungen hinaus eine besondere Treupflicht zum Staat hat. Hoheitliche Tätigkeit setzt öffentliche Bedienstete voraus, die ohne persönliche Interessen nur nach sachlichen Gesichtspunkten ihre Aufgaben wahrnehmen. Sie setzt also voraus, daß der Bedienstete um sein persönliches Wohlergehen nicht besorgt zu sein braucht und nicht die Stellung um eines besseren Angebots willen wechselt. Die Tätigkeit für den Staat soll der öffentlich Bedienstete als seine Lebensaufgabe ansehen, die er um der Sache willen und nicht um des Verdienstes willen ausübt. Deswegen wird die Einrichtung des Beamtentums, die mit einer besonderen Treueverpflichtung, dafür auf der anderen Seite aber mit der lebenslänglichen Sicherung vor Arbeitslosigkeit verbunden ist, für erforderlich gehalten. Die Entwicklung wird vermutlich dazu führen müssen, daß dies enge öffentlich-rechtliche Treueverhältnis zwischen Staat und Beamten auf den kleinen Kreis derjenigen öffentlich Bediensteten beschränkt wird, die wirklich hoheitliche Tätigkeit wahrnehmen. Möglicherweise wird also die Zahl der Beamten zugunsten der Zahl der Angestellten und Arbeiter eingeschränkt werden. Die Einrichtung des Beamtenverhältnisses an sich muß aber erhalten bleiben."

Artikel 60

Bezüge, die jemand von einem wirtschaftlichen Unternehmen als Vertreter der Freien und Hansestadt Hamburg erhält, stehen dieser zu.

Die gleiche Bestimmung enthielten schon Verf von 1921 in Art. 62 und VorlVerf in Art. 23. Im VerfA war darauf hingewiesen worden, daß Aufsichtsratsvergütungen z. B. auch eine Abgeltung für das vom Aufsichtsratsmitglied zu übernehmende Haftungsrisiko darstellten. Es wurde daher erwogen, eine Übernahme der Haftung auf die Freie und Hansestadt Hamburg in der Verf auszusprechen, diese Regelung dann aber der Gesetzgebung überlassen.

Artikel 61

Wird jemand durch die öffentliche Gewalt in seinen Rechten verletzt, so steht ihm der Verwaltungsrechtsweg offen, soweit ein anderer Rechtsweg nicht gegeben ist.

Diese Bestimmung ergänzt Art. 19 Abs. 4 GG dahin, daß in der Freien und Hansestadt Hamburg grundsätzlich der Verwaltungsrechtsweg gegeben ist, soweit nicht ein anderer Rechtsweg durch Gesetz vorgesehen ist. Nach Art. 19 Abs. 4 wäre umgekehrt der ordentliche Rechtsweg gegeben, soweit nicht durch Gesetz z. B. der Verwaltungsrechtsweg zugelassen wäre.

VI.

Die Rechtsprechung

Die richterliche Gewalt in Hamburg, die zur Zeit des Erzbistums in den Händen des Erzbischofs später bei den Grafen v. Schauenburg bzw. bei deren Vögten lag, ging im 13. Jahrhundert auf den Rat der Stadt über. Die Rechtsprechung wurde von zwei Ratsherren, den Prätoren oder Vögten ausgeübt (vgl. Studt-Olsen, S. 31ff.). In den verschiedenen Rezessen seit 1410, insbesondere im Hauptrezeß von 1712 (Art. V Ziffer 7) wurde die Ratsgerichtsbarkeit nicht angetastet; sie blieb bis zur Eingliederung der Stadt in das französische Kaiserreich am 1. Januar 1810 und wurde im wesentlichen ausgeübt durch das Niedergericht (die beiden Prätoren als Präsidium nebst ehrenamtlich tätigen Bürgern vgl. Steinhagen über die Hamburgischen Präturen, Hamburg 1832) und durch den Rat selbst als Obergericht (vgl. Bertram, Entwicklung von Hamburgs Zivilrechtspflege im neunzehnten Jahrhundert, Festschrift zum fünfzigjährigen Bestehen der Deutschen Justizgesetze, Hamburg 1929, S. 27ff.).

Dritte Instanz war das Reichskammergericht in Wetzlar oder der Reichshofrat in Wien, wobei Hamburg jedoch für bestimmte Handelssachen ein privilegium de non appellando hatte.

Die Trennung der Gewalten, die die französische Herrschaft in Hamburg gebracht hatte (vgl. A. Wohlwill, Zur Geschichte des Justizwesens in Hamburg während der Franzosenzeit, unter besonderer Berücksichtigung des Präsidenten de Serre, Zeitschr. d. Vereins f. hamb. Gesch., Bd. 14, S. 333ff.), setzte sich in Hamburg erst um die Mitte des 19. Jahrhunderts durch (Bertram a. a. O. S. 21). Die am 16. Februar 1815 verabschiedete Gerichtsorganisation trennte zwar das Niedergericht von der Exekutive und errichtete ein unabhängiges Handelsgericht. Das Obergericht als zweite Instanz setzte sich aber aus einem rechtsgelehrten Bürgermeister als Präsidenten und zehn weiteren Senatoren (fünf Juristen, fünf Kaufleuten) zusammen. Dritte Instanz wurde 1820 das „Oberappellationsgericht der vier freien Städte Deutschlands" in Lübeck und nach dem Ausscheiden Frankfurts 1867 das „Oberappellationsgericht der drei Hansestädte", der Vorläufer des Hanseatischen Oberlandesgerichts. Erst 1860 wurde das Obergericht vom Senat getrennt und mit einem rechtsgelehrten Präsidenten, sechs ständigen juristischen und sechs auf Zeit gewählten kaufmännischen Beisitzern (Bertram a. a. O. S. 38) besetzt.

Die hamburgische Verf. von 1860 (VII. Abschnitt, Art. 95) bestimmte, daß die richterliche Gewalt nur von den gesetzlich angeordneten Gerichten ausgeübt werden kann. Infolge des Inkrafttretens der Reichsjustizgesetze sind in der Verf 1879 Bestimmungen über die Rechtspflege nicht enthalten, auch nicht in der Verf 1921.

Die Verf. hebt jetzt neben Legislative und Exekutive die richterliche Gewalt als dritte Staatsgewalt im Sinne der Montesquieuschen Gewaltentrennung hervor. Der Begriff der Rechtsprechung umfaßt neben der ordentlichen Gerichtsbarkeit die Verfassungsgerichtsbarkeit sowie die Tätigkeit der Verwaltungsgerichte, der Finanzgerichte, der Arbeits- und Sozialgerichte.

Artikel 62

Die Gerichtsbarkeit wird in allen ihren Zweigen durch unabhängige, nur dem Gesetz unterworfene Gerichte ausgeübt. An der Rechtsprechung sind Männer und Frauen aus dem Volke nach Maßgabe der Gesetze beteiligt.

1. Art. 97 Abs. 1 GG in wörtlicher Übereinstimmung mit Art. 102 WeimRVerf bestimmt: „Die Richter sind unabhängig und nur dem Gesetz unterworfen." Ebenso GVG § 1: „Die richterliche Gewalt wird durch unabhängige, nur dem Gesetz unterworfene Gerichte ausgeübt." Die hamburgische Verf ist an diese bundesrechtliche Regelung gebunden, sie kann und will auch nicht mehr sagen. Die richterliche Unabhängigkeit ist die Freiheit von jeder Weisung und die Garantie, daß der Richter für seinen innerhalb der Gesetze erfolgten Urteilsspruch keinen Nachteil erleidet. Die hamburgische Bestimmung stellt daher nur fest, was bereits ist. Politisch gesehen ist es aber mehr: Ein Bekenntnis Hamburgs zur Unabhängigkeit der Gerichte.

2. Die Beteiligung von Laien an der Rechtsprechung erfolgt u. a. durch Schöffen und Geschworene in den Strafgerichten, durch Handelsrichter in den Kammern für Handelssachen, durch Arbeitsrichter und Landesarbeitsrichter in der Arbeitsgerichtsbarkeit und durch die ehrenamtlichen Beisitzer bei den Verwaltungsgerichten.

Artikel 63

(1) Die Berufsrichter werden vom Senat auf Vorschlag eines Richterwahlausschusses ernannt. Artikel 45 Absatz 1 findet Anwendung. Der Richterwahlausschuß besteht aus drei Senatoren oder Senatssyndici, sechs bürgerlichen Mitgliedern, drei Richtern und zwei Rechtsanwälten. Das Nähere bestimmt das Gesetz. Es kann vorsehen, daß für eine bestimmte Gerichtsbarkeit die Rechtsanwälte durch Personen ersetzt werden, die mit dieser Gerichtsbarkeit in besonderem Maße vertraut sind.

(2) Die Berufsrichter werden auf Lebenszeit ernannt. Sie müssen nach ihrer Persönlichkeit und nach ihren Fähigkeiten die Gewähr dafür bieten, daß sie den Aufgaben ihres Amtes gewachsen sind und insbesondere im Amte und außerhalb des Amtes nicht gegen die Grundsätze des Grundgesetzes für die Bundesrepublik Deutschland und dieser Verfassung verstoßen werden. Sie können vor ihrer Ernennung zur Überprüfung der Persönlichkeit und der fachlichen Eignung vom Senat auf Zeit oder Widerruf bestellt werden, es sei denn, daß der Richterwahlausschuß sie als Bewerber für ein Richteramt ablehnt.

(3) Wenn ein Richter im Amt oder außerhalb des Amtes gegen die Grundsätze des Grundgesetzes für die Bundesrepublik Deutschland oder dieser Verfassung verstößt, so kann die Bürgerschaft gegen ihn mit der Mehrheit ihrer gesetzlichen Mitgliederzahl nach Stellungnahme des Richterwahlausschusses beim Bundesverfassungsgericht eine Entscheidung gemäß Artikel 98 Absatz 2 des Grundgesetzes für die Bundesrepublik Deutschland beantragen. Das gilt auch für ehrenamtlich angestellte Richter.

(4) Absatz 3 findet auch auf die bereits ernannten Richter Anwendung.

1. Während Art. 60 die Tätigkeit des Richters, mithin des Gerichts, betrifft, befaßt sich Art. 63 mit der Person des Richters. Das GG hat in Art. 98 die Richter aus dem allgemeinen Beamtenrecht herausgenommen und ihnen damit als Träger der dritten Staatsgewalt eine besondere Stellung eingeräumt. Auch die hamburgische Verf. behandelt demgemäß die Richter als eine besondere Gruppe der hamburgischen Beamten.

2. Bereits die hamb. Verf 1860 (Art. 101) hatte eine Richterwahl durch „Berufsgenossen" vorgesehen. Verf 1921 regelte die Ernennung von Richtern nicht besonders. Sie bestimmte allgemein (Art. 48), daß die Ernennung der Beamten (damit auch der Richter) durch den Senat erfolgt, „soweit nicht das Gesetz etwas anderes bestimmt". Dieser Hinweis auf ein Gesetz war im Hinblick auf eine etwaige Richterwahl durch einen besonderen Ausschuß entsprechend § 69 der Bremer Verfassung vom 18. Mai 1920 aufgenommen worden. Ein Richterwahlgesetz ist jedoch damals in Hamburg nie ergangen.

Das GG führt für die oberen Bundesgerichte Richterwahlausschüsse ein (Art. 95 Abs. 3 GG), die bei Einschluß von Berlin aus 20 Mitgliedern bestehen.

Bremen (Verf 1947, Art. 136) hat seinen seit über 100 Jahren bewährten Richterwahlausschuß beibehalten, jedoch die ursprüngliche traditionelle paritätische Besetzung durch die drei Gewalten (⅓ Senat, ⅓ Bürgerschaft, ⅓ Richter) durch einen Vorrang der Bürgerschaft aufgegeben, wobei die von der Bürgerschaft gewählten Mitglieder Abgeordnete sein müssen.

Hessen (Verf 1946, Art. 127) sieht ebenfalls einen Richterwahlausschuß vor.

3. Hamburg führt einen Richterwahlausschuß (RWahlA) ein für Anstellung und Beförderung aller hamburgischen Berufsrichter. Die Verf. macht damit von Art. 98 Abs. 4 GG Gebrauch, wobei der

VerfA davon ausging, daß unter „Anstellung“ sinngemäß auch „Beförderung“ zu verstehen sei. Auf eine Auslegung des Art. 98 Abs. 4 GG kam es jedoch nicht an, da dort nur das bestehende Gesetzgebungsrecht der Länder bestätigt wird.

4. Für die Zusammensetzung des hamburgischen Richterwahlausschusses sind drei Senatoren (oder Syndici) vorgeschrieben, die die Geschäftsverteilung des Senats bestimmt. Da gemäß § 10 Abs. 1 des Richterwahlgesetzes ein Senator den Vorsitz im Richterwahlausschuß führt, muß der Senat für den Vorsitzenden und dessen Stellvertreter Senatoren bestimmen. Die Bürgerschaft ist völlig frei, ob sie die von ihr gewählten Mitglieder („Bürgerliche Mitglieder“ = von der Bürgerschaft gewählte Mitglieder) aus ihrer Mitte oder von außerhalb des Parlaments nimmt. Das gemäß Art. 63 Abs. 1 ergangene Richterwahlgesetz vom 8. Juli 1952 (RWahlG) bestimmt, daß von den drei richterlichen Mitgliedern eines der Arbeits- oder Sozialgerichtsbarkeit angehören muß (§ 4). Die Wahl der drei Richter erfolgt indirekt, nämlich durch ein von allen planmäßig angestellten Berufsrichtern gewähltes Wahlkollegium. Die beiden Anwälte werden von dem Vorstand der Hanseatischen Rechtsanwaltskammer ernannt (§ 5).

5. Für die Anstellung und Beförderung von Richtern ist daher nunmehr notwendig, Vorschlag des RWahlA und Ernennung durch den Senat. Der Senat braucht einem Vorschlag der RWahlA nicht nachzukommen; er kann aber nur jemanden ernennen, der vom RWahlA vorgeschlagen worden ist. In Verfolg des Gedankens, tagespolitische Einflüsse auszuschalten und eine gewisse Stetigkeit zu erreichen, ist die Dauer der Amtszeit des RWahlA abweichend von der Legislaturperiode der Bürgerschaft auf drei Jahre festgelegt worden (§ 1 RWahlG).

6. Abs. 1 Satz 3 ist erst im Plenum eingefügt worden. Das RWahlG macht im § 5 Abs. 2 von dieser Ermächtigung Gebrauch.

7. Der 3. Bericht des VerfA bemerkt mit Recht, daß der RWahlA auch Vorschläge aus eigener Initiative behandeln kann, obwohl in der Regel der Senat Anträge stellen wird.

Dementsprechend hat die RWahlA in seiner konstituierenden Sitzung vom 1. Oktober 1952 über sein Verfahren wie folgt beschlossen:

„Ernennungs- und Beförderungsvorschläge werden dem RWahlA durch den Vorsitzenden vorgelegt, der über sie im Ausschuß durch einen Beauftragten referieren läßt. Soweit Mitglieder des RWahlA Vorschläge einbringen, sind diese dem Vorsitzenden zu übermitteln, der daraufhin die Vorbereitung des Vorschlages durch die beteiligten Behörden und Gerichte veranlaßt. . . . Der Vorsitzende ersucht für jeden Vorschlag ein Mitglied des RWahlA um Übernahme eines Korreferats“.

8. Der Grundsatz der lebenszeitlichen Ernennung des hamburgischen Richters ist vom VerfA mit Absicht an die Spitze des 2. Absatzes gestellt

worden. GG Art. 97 Abs. 2 wiederholt fast wörtlich Art. 104 WeimVerf, läßt jedoch den bedeutungsvollen Satz aus: „die Richter der ordentlichen Gerichte werden auf Lebenszeit ernannt". Damit ist die lebenszeitliche Ernennung der Richter nicht bundesverfassungsmäßig geregelt, sie findet sich jedoch durchweg in den Verf der Länder.

Lediglich Berlin sieht die Wahl „höchster Richter" auf Vorschlag des Senats durch das Abgeordnetenhaus auf die Dauer von 6 Jahren vor. Nach Ablauf der Amtsdauer treten sie in ihr früheres oder gleichartiges Amt zurück, sofern nicht eine Wiederwahl erfolgt ist (Art. 69).

9. Satz 2 richtet sich an den Richterwahlausschuß und Senat: die hamburgischen Richter müssen die Gewähr dafür bieten, daß sie den Aufgaben ihres Amtes gewachsen sind und nicht gegen die Grundsätze des GG oder der hamb. Verf verstoßen. Der Satz ist ein Postulat; ob ein Kandidat diese Gewähr bietet oder nicht liegt in nicht nachprüfbarem Ermessen des RWahlA und des Senats.

Die Auswahl der Richter richtet sich „nach ihrer Persönlichkeit und nach ihren Fähigkeiten". Der VerfA hat absichtlich die Worte „nach ihrer bisherigen juristischen Tätigkeit" durch „nach ihren Fähigkeiten" ersetzt und war sich einig, daß damit nicht die „Befähigung zum Richteramt", also die große Staatsprüfung gemeint sei. Durch die Streichung des Wortes „juristisch" soll eine umfassende Prüfung aller — auch praktischen Fähigkeiten ermöglicht werden, so daß nur solche Richter in ihr verantwortungsvolles Amt kommen, die für die Rechtsprechung einen Gewinn darstellen.

10. Satz 3 stellt die einzige Ausnahme des Grundsatzes der lebenszeitlichen Ernennung als Richter dar. Sie entspricht dem geltenden Recht, das (Art. 97 Abs. 2 Satz 1 GG) die Beschäftigung von nicht auf Lebenszeit bestellten Richtern vorsieht. Mit Recht vermerkt Schultz (MDR 52, S. 469), daß eine solche Regelung notwendig ist, um den Personalbestand dem wechselnden Geschäftsanfall anzupassen und im übrigen zweckmäßig sei, um Nachwuchskräfte zu erproben. Die Bestellung von Richtern auf Zeit findet sich gegenwärtig auch im Arbeitsgerichtsgesetz. Sie könnte im übrigen auch bei besonderen Aufgaben (wie die Vergangenheit sie anläßlich der Aufwertung, der Grundbuchumschreibung u. a. gebracht hat) notwendig werden. Die in der hamb. Verf geregelte Ausnahme ist nur zulässig zur Überprüfung der Persönlichkeit und der sachlichen Eignung, mithin unzulässig aus jedem anderen Grunde, welches auch immer er sei. Wörtlich genommen wäre es daher unzulässig, einen Richter weiterhin auf Widerruf zu beschäftigen, wenn er erprobt ist. Praktisch ist jedoch die Ernennung auf Lebenszeit von den vorhandenen Planstellen abhängig. Es wäre ein von der Verf nicht gewolltes Ergebnis, wenn

man einen erprobten Richter auf Widerruf eben wegen seiner Erprobung entlassen würde, um ihn nach 6 Monaten auf eine dann freie Planstelle zu setzen. Der VerfA strich daher auch die Befristung der Richter auf Widerruf und auf Zeit mit drei Jahren, die ursprünglich vorgesehen war (5. Prot. des VerfA vom Mai 1950, S. 7).

11. Entsprechend der vom GG in Art. 98 Abs. 2 getroffenen Regelung sieht auch die Verf eine Richteranklage vor, die das Gegenstück zu der verfassungsmäßig garantierten richterlichen Unabhängigkeit darstellt. Der VerfA glich in Abs. 3 die Vorschrift über die Richteranklage der einschlägigen Bestimmung des GG Art. 98, insbesondere Abs. 2, an und stellte durch einen zweiten Satz klar, daß die Anklage auch gegen ehrenamtliche Richter (Beispiele: Handelsrichter, Mitglieder des Verfassungsgerichtshof) erhoben werden kann.

Artikel 64

(1) Bei der Rechtsanwendung durch die Gerichte sind Landesgesetze und im Rahmen gesetzlicher Ermächtigung ergangene Rechtsverordnungen des Landes, die ordnungsgemäß verkündet worden sind, als verbindlich anzusehen.

(2) Ist ein Gericht der Auffassung, daß ein hamburgisches Gesetz oder eine im Rahmen eines solchen Gesetzes ergangene Rechtsverordnung gegen diese Verfassung verstößt, so ist das Verfahren auszusetzen und die Entscheidung des Hamburgischen Verfassungsgerichts einzuholen, sofern es auf die Gültigkeit der Vorschrift bei der Entscheidung ankommt. Artikel 100 des Grundgesetzes für die Bundesrepublik Deutschland bleibt unberührt.

1. Das sog. richterliche Prüfungsrecht wird beschränkt auf die Prüfung der ordnungsgemäßen Verkündung. Der Richter hat nicht zu prüfen, ob der zum Zustandekommen des Gesetzes erforderliche Beschluß der Bürgerschaft entsprechend der Geschäftsordnung oder auch der Verfassung ergangen ist (so Wulff schon für Verf. 1921, die diesen Satz nicht enthielt, Anm. 2 zu § 1 der GeschO der Bürgerschaft; vgl. oben Bem. 2 zu Art. 18). Die Preuß. Verf. vom 30. November 1920 erklärte in Art. 61 ein Gesetz für verbindlich, „wenn es verfassungsmäßig zustande gekommen und . . . in der vorgeschriebenen Form verkündet worden ist". Daraus schließt Waldecker, Die Verfassung des Freistaates Preußen, 1921 in Anm. 1 zu Art. 61, daß die Gerichte auch berechtigt seien, das verfassungsmäßige Zustandekommen des Gesetzesbeschlusses nachzuprüfen. Hatschek, Das Preuß. Verfassungsrecht, 1924, S. 283, will aber selbst bei diesem abweichenden Wortlaut der damaligen Preuß. Verf.

die Prüfung darauf beschränken, ob ordnungsgemäß ausgefertigt und verkündet worden ist.

2. Bei Verordnungen müssen die Gerichte prüfen, ob sie „im Rahmen gesetzlicher Ermächtigung" ergangen sind. Kommt ein Gericht zum Ergebnis, daß der Rahmen der Ermächtigung überschritten ist, dann hat es die Verordnung als ungültig zu behandeln und sie nicht anzuwenden. Kommt das Gericht zum Ergebnis, daß sie im Rahmen der Ermächtigung ergangen ist, aber gegen die Verfassung verstößt, hat es die Frage zur Entscheidung dem Hamburgischen Verfassungsgericht vorzulegen.

3. Die materielle Verfassungsmäßigkeit von Rechtsvorschriften (einschl. von Verordnungen s. Anm. 2) hat lediglich das Hamburgische Verfassungsgericht zu prüfen und zu entscheiden. Ein Gericht, das Zweifel an der Verfassungsmäßigkeit einer hamburgischen Rechtsvorschrift hat, muß die Entscheidung des Verfassungsgerichts einholen und darf nicht selbst die Verfassungswidrigkeit feststellen. Es darf hingegen die Verfassungsmäßigkeit eines Gesetzes oder einer Verordnung feststellen. Das tut jedes Gericht implicite bei jeder Entscheidung hinsichtlich der von ihm anzuwendenden Rechtsvorschriften.

4. Hat ein Gericht Zweifel, ob eine hamburgische Rechtsvorschrift mit dem Grundgesetz oder mit Bundesrecht zu vereinbaren ist, so ist die Entscheidung des Bundesverfassungsgerichts einzuholen (Art. 100 GG).

Artikel 65

(1) Das Hamburgische Verfassungsgericht besteht aus dem Präsidenten des Hanseatischen Oberlandesgerichts in Hamburg als Vorsitzendem, zwei weiteren hamburgischen Richtern, die vom Senat auf fünf Jahre ernannt werden, und sechs Beisitzern, die von der Bürgerschaft auf fünf Jahre gewählt werden. Für jeden Richter und Beisitzer ist auf die gleiche Weise ein ständiger Vertreter zu bestellen; der Vorsitzende wird durch den Vizepräsidenten des Hanseatischen Oberlandesgerichts in Hamburg vertreten. Die Mitglieder des Hamburgischen Verfassungsgerichts dürfen nicht Mitglieder der Bürgerschaft, des Senats, des Bundestages, des Bundesrates, der Bundesregierung oder entsprechender Organe eines anderen Landes sein.

(2) Das Verfassungsgericht entscheidet

1. auf Antrag des Senats oder eines Viertels der Abgeordneten der Bürgerschaft über Streitigkeiten, die sich aus der Auslegung der Verfassung ergeben;

2. auf Antrag des Senats oder eines Viertels der Abgeordneten der Bürgerschaft über Meinungsverschiedenheiten oder Zweifel, welche die

Vereinbarkeit von Landesrecht mit der Verfassung oder von abgeleitetem Landesrecht mit den Landesgesetzen betreffen;

3. auf Antrag des Senats oder eines Viertels der Abgeordneten der Bürgerschaft, wenn Meinungsverschiedenheiten oder Zweifel über die Auslegung oder Anwendung des Landesrechtes herrschen;

4. auf Antrag eines Gerichts über die Verfassungsmäßigkeit eines Gesetzes oder einer Rechtsverordnung (Artikel 64 Absatz 2);

5. über Beschwerden gegen Entscheidungen der Bürgerschaft, welche die Gültigkeit der Wahl oder den Verlust der Mitgliedschaft eines Abgeordneten betreffen (Artikel 9 Absatz 2);

6. auf Antrag der Bürgerschaft über die Frage, ob ein Mitglied des Rechnungshofs innerhalb oder außerhalb des Amtes gegen die Grundsätze des Grundgesetzes für die Bundesrepublik Deutschland oder gegen die Grundsätze dieser Verfassung verstoßen hat, und über die Folgen, die sich hieraus bei sinngemäßer Anwendung des Artikels 98 Absatz 2 des Grundgesetzes für die Bundesrepublik Deutschland ergeben (Artikel 71 Absatz 3 Satz 2).

(3) Durch Gesetz können dem Verfassungsgericht weitere Aufgaben übertragen werden.

(4) Die Entscheidungen des Verfassungsgerichts sind für Gerichte und Verwaltung bindend. Entscheidungen nach Absatz 2 Ziffer 1, 2, 3 und 4 haben Gesetzeskraft.

(5) Die in Absatz 4 Satz 2 genannten Entscheidungen sind im Hamburgischen Gesetz- und Verordnungsblatt zu veröffentlichen. Bei anderen Entscheidungen kann das Verfassungsgericht die Veröffentlichung beschließen.

(6) Das Gesetz bestimmt das Nähere über die Wahl, die Zuständigkeit und das Verfahren.

1. Verf. 1921 kannte kein Verfassungsgericht, sondern einen Staatsgerichtshof (Art. 49), dessen ausschließliche Zuständigkeit aber die Verhandlung der sog. Ministeranklage war. Er ist während der Geltung der Verf. 1921 niemals tätig geworden. Eine echte Verfassungsgerichtsbarkeit stand ihm nicht zu. Eine Ministeranklage kennt die gegenwärtige Verfassung nicht mehr. GG Art. 61 sieht ebenfalls nur Anklage des Bundespräsidenten, nicht des Bundeskanzlers oder eines Bundesministers vor.

2. Verf. 1921 sah für den Staatsgerichtshof ebenfalls neun Mitglieder vor, wobei jedoch fünf von der Bürgerschaft und drei richterliche von den Richtern des Hanseat. OLG gewählt wurden. Der Präsident des Hanseat. OLG war schon in Verf. 1921 geborener Vorsitzender.

3. Die Ernennung bzw. Wahl der Mitglieder auf fünf Jahre ist bewußt gewählt worden, um die Amtsdauer von der Legislaturperiode der

Bürgerschaft abweichen zu lassen. Verhältniswahlsystem bei der Wahl ist nicht vorgeschrieben (anders Verf. 1921 Art. 49). Die Verf. überläßt es der Bürgerschaft, wie sie die sechs Sitze nach der Zusammensetzung der Bürgerschaft verteilen will. Von diesem Grundsatz weicht die Verf. nur beim Bürgerausschuß ab (Art. 27).

4. Die Inkompatibilität (Unvereinbarkeit mit einem anderen Amt) ist genau so wie in GG Art. 94 Abs. 1 Satz 3 für die Mitglieder des Bundesverf.Gerichts geregelt.

5. Die Verf. hat sich bemüht, die Zuständigkeit des Verf.Gerichts vollständig an dieser Stelle aufzuführen, soweit sie sich aus der Verf. ergibt. Durch Gesetz kann die Zuständigkeit jedoch erweitert werden (Abs. 3). Das ist bisher nur durch § 25 Senatsgesetz geschehen.

6. Die Normenkontrolle ist im Grundsatz ebenso gestaltet wie im GG:

Das materielle richterliche Prüfungsrecht ist gemäß Art. 64 Abs. 2 ebenso wie in Art. 100 GG ausschl. dem Verf.Gericht zugewiesen.

Die Zuständigkeit gemäß Abs. 2 Ziff. 1 „Auslegung der Verf." entspricht der Regelung in Art. 93 Abs. 1 GG mit der Einschränkung, daß die Zuständigkeit dort enger auf „Organstreitigkeiten" beschränkt ist.

Die Prüfung der Verfassungsmäßigkeit von Landesrecht oder der Gesetzmäßigkeit von abgeleitetem Landesrecht entspricht etwa der Zuständigkeit des Bundesverf.Gerichts nach Art. 93 Abs. 1 Ziff. 2.

Darüber hinaus sieht Ziff. 3 des Abs. 2 auch noch die Entscheidung des Verf.Gerichts über die Auslegung oder Anwendung einfachen Landesrechts vor. Eine entsprechende Bestimmung kennt das GG nicht.

7. Die Zuständigkeit als Beschwerdeinstanz in Wahlprüfungsangelegenheiten entspricht der Regelung des Art. 41 GG.

8. Da die Mitglieder des Rechnungshofs wie Richter behandelt werden, trotzdem aber keine Richter sind und deswegen Art. 98 Abs. 5 Satz 3 für sie nicht gilt, mußte insoweit das Hamburg. Verf.Gericht an die Stelle des Bundesverf.Gerichts treten (Ab. 2 Ziff. 6).

9. Anders als GG Art. 94 Abs. 2, das die Regelung dem Gesetz überläßt, bestimmt die Verf. selbst, daß alle im Wege der „Normenkontrolle" ergehenden Entscheidungen Gesetzeskraft haben und im GVBl. zu veröffentlichen sind.

10. Das in Abs. 6 vorgesehene Gesetz ist bisher nicht erlassen. Einzelheiten der Zuständigkeit und des Verfahrens sind daher noch nicht geregelt.

11. Unter „Streitigkeiten, Meinungsverschiedenheiten und Zweifel" im Sinne der Ziff. 1—4 des 2. Abs. wird man grundsätzlich ein Abweichen der Meinung des Senats von der der Bürgerschaft oder umgekehrt, nicht Meinungsverschiedenheiten innerhalb des Senats oder innerhalb der Bürgerschaft zu verstehen haben. Der Wortlaut schließt aber auch die

weitere Auslegung nicht aus, so daß danach der Senat das Verf.Gericht auch anrufen könnte, wenn er allein Zweifel hat oder die Bürgerschaft, wenn unter den Abgeordneten oder unter den Fraktionen Meinungsverschiedenheiten bestehen.

12. Die Ziff. 2, 3 und 4 des Abs. 2 beziehen sich auch auf solches Landesrecht, das vor Inkrafttreten der Verf. ergangen ist.

VII.

Haushalt- und Finanzwesen

Art. 109 GG stellt fest, daß Bund und Länder in ihrer Haushaltswirtschaft selbständig und unabhängig voneinander sind. Damit ist auch Hamburg befugt, sein Haushalts- und Finanzwesen entsprechend seiner Verfassungshoheit zu regeln.

Aufbau, Abwicklung und Abschluß des Haushaltsplanes regelte die hamburgische Staatshaushaltsordnung vom 22. Dezember 1922 (GVBl. S. 737), die unter dem NS-Regime z. T. am 1. April 1935 (Gesetz vom 3. Okt. 1935, GVBl. S. 217), z. T. am 1. April 1936 außer Kraft trat. Hamburg hatte durch das Reichsgesetz vom 30. Januar 1934 (RGBl. I, S. 75) die ihm nach der Weim.RVerf. zustehende Finanzhoheit verloren, Ab 1. April 1936 galt das Reichsgesetz über die Haushaltsführung, Rechnungslegung und Rechnungsprüfung der Länder und über die vierte Änderung der Reichshaushaltsordnung vom 17. Juni 1936. Dieses Gesetz mit seinen Durchführungsbestimmungen, das in der Folge im gemeindlichen Sektor Hamburgs durch die haushaltsrechtlichen Bestimmungen der Deutschen Gemeindeordnung abgelöst war (RGes. über die Verf. und Verw. der Hansestadt Hamburg vom 19. Dez. 1937, RGBl. I, S. 1327), wurde durch VO Nr. 59 der brit. Militärregierung (Amtsblatt S. 348) ab 1. April 1946 wieder in Kraft gesetzt. Eine neue hamburgische Staatshaushaltsordnung ist in Vorbereitung.

Artikel 66

(1) Alle Einnahmen und Ausgaben der Freien und Hansestadt Hamburg müssen für jedes Rechnungsjahr veranschlagt und in den Haushaltsplan eingestellt werden.

(2) Der Haushaltsplan wird vom Senat für je ein Rechnungsjahr der Bürgerschaft vorgelegt und durch Beschluß der Bürgerschaft festgestellt. Artikel 49 Absatz 2 findet entsprechende Anwendung.

1. Abs. 1 entspricht Art. 85 Abs. 1 WeimRVerf. und Art. 110 GG. Der Haushaltsplan (Etat) muß nach der Verfassung alle voraussehbaren Einnahmen und Ausgaben enthalten (Grundsatz der Vollständigkeit).

Der Haushaltsplan wird wie im Bund und allen Ländern für jedes Rechnungsjahr aufgestellt (Grundsatz der Einjährigkeit).

Das Rechnungsjahr ist nicht das Kalenderjahr, sondern läuft nach alter Staatspraxis im Reich, im Bund und in den Ländern vom 1. April bis 31. März; es wird jedoch nach dem Kalenderjahr benannt, in dem es anfängt.

Während WeimRVerf. und GG ausdrücklich bestimmen, daß vor Beginn des Rechnungsjahres der Haushaltsplan festgestellt wird (Grundsatz der Vorherigkeit), hat die hamb. Verf. zwar von einer solchen verfassungsmäßigen Verpflichtung abgesehen, geht jedoch als selbstverständlich davon aus, daß der Senat den Haushalt rechtzeitig vor Ablauf des Rechnungsjahres vorlegt und die Bürgerschaft ihn noch alsdann vor Beginn des neuen Rechnungsjahres verabschiedet. Das ergibt sich aus der Fassung des Art. 67 Abs. 1. Die Bürgerschaft hat infolgedessen auch eine verfassungsmäßige Ermächtigung des Senats zur Weiterführung der Ausgaben über das laufende Rechnungsjahr hinaus abgelehnt; der Senat muß also, wenn er den Haushaltsplan nicht rechtzeitig vorlegt, eine Ermächtigung gemäß Art. 67 Abs. 1 bei der Bürgerschaft beantragen.

Infolge außergewöhnlicher Umstände sind die Haushaltspläne von 1946 bis 1951 erst im Laufe des bereits begonnenen Rechnungsjahres verabschiedet worden. Der Haushalt 1952 wurde am 31. März 1952 von der Bürgerschaft festgestellt (StenBer. S. 555).

2. Die Feststellung des Haushaltsplanes ist ein Verwaltungsakt des Parlaments (vgl. Vorbem. 3 zu Art. 48), dessen Inhalt aus Schätzungen über Einnahmen und aus einer Ermächtigung an die Exekutive für Ausgaben besteht. Der Haushaltsplan bindet daher Senat und Verwaltung, nicht aber den einzelnen Staatsbürger. Während die Feststellung des Haushaltsplanes infolge der Bedeutung dieses Vorganges meist in der Form eines Gesetzes erfolgt (GG Art. 110), geschieht dies in Hamburg folgerichtig durch Beschluß der Bürgerschaft, wobei jedoch das für Gesetze vorgeschriebene Verfahren des Art. 49 Abs. 2 (zweimalige Lesung) Anwendung findet. Es war nicht die Absicht des VerfA, die Anwendung des Art. 49 Abs. 3 auf die Beschlußfassung über den Haushaltsplan auszuschließen. Art. 49 Abs. III ist durch einen Redaktionsfehler hier nicht genannt, weil er erst in der zweiten Lesung des Verf.Entwurfs seine jetzige Fassung erhielt. Die Geschäftsordnung der Bürgerschaft wird dies korrigieren können. Das Einspruchsrecht des Senats gemäß Art. 50 besteht bei Feststellung des Haushaltsplanes nicht.

3. Während die Gesetzesinitiative sowohl dem Senat wie der Bürgerschaft zusteht (Art. 48), hat die „Budget-Initiative" (Anschütz Bemerk. 5 zu Art. 85) nur der Senat. Der Entwurf des Haushaltsplanes

kann daher nur vom Senat vorgelegt werden und nicht aus der Mitte der Bürgerschaft kommen.

4. Das Budget-Recht ist stets das wichtigste Recht der Parlamente gewesen. Die Einbringung des Haushaltes durch den Senat bei der Bürgerschaft ist daher stets ein besonderes politisches Ereignis. Indiskretionen über den kommenden Etat haben in Groß-Britannien zum Rücktritt eines Schatzsekretärs geführt. Eine „Pressekonferenz" der Finanzbehörde über den „Etat 1952" vor dessen Einbringung hat daher mit Recht die Mißbilligung der Bürgerschaft hervorgerufen (StenBer. S. 290).

Als Verwaltungsakt ist die Feststellung des Haushaltsplanes nur unter Berücksichtigung des durch die Verf. und die Gesetze gesteckten Rahmens möglich.

5. Die Befugnisse des Bürgerausschuß werden durch die Art. 66ff. nicht berührt.

6. Der VerfA hat angeregt, in der zukünftigen Staatshaushaltsordnung die Offenlegung der festgestellten Pläne und deren Abgabe gegen Ersatz der Kosten zu regeln (VerfBer. S. 659), wie es in der Praxis in Hamburg schon jetzt geschieht.

Artikel 67

(1) Ist bis zum Schluß eines Rechnungsjahres der Haushaltsplan für das folgende Jahr nicht festgestellt worden, so kann die Bürgerschaft den Senat ermächtigen, bis zum Inkrafttreten des Haushaltsplanes

1. alle Ausgaben zu leisten, die nötig sind, um
   a) bestehende Einrichtungen zu erhalten und beschlossene Maßnahmen durchzuführen,
   b) die rechtlich begründeten Verpflichtungen der Freien und Hansestadt Hamburg zu erfüllen,
   c) Bauten, Beschaffungen und sonstige Leistungen fortzusetzen oder Beihilfen für diese Zwecke weiterzugewähren, sofern durch den Haushaltsplan eines Vorjahres bereits Mittel bewilligt waren;

2. die feststehenden Einnahmen und die Einnahmen aus den für ein Rechnungsjahr festzusetzenden Steuern und anderen Abgaben fortzuerheben, soweit gesetzlich nichts anderes bestimmt ist;

3. für die nach Ziffer 1 zulässigen Ausgaben Kassenkredite aufzunehmen, soweit nicht der Geldbedarf durch Steuern und andere Abgaben, die auf Gesetz beruhen, oder aus sonstigen Einnahmen gedeckt werden kann.

(2) Wird im Falle des Artikels 36 die Vertrauensfrage mit einer Vorlage nach Absatz 1 verbunden, und macht die Bürgerschaft von keiner

der in Artikel 36 Absatz 1 Satz 1 genannten Befugnisse Gebrauch, so ist der Senat nach Ablauf der Dreimonatsfrist, spätestens aber mit Beginn des neuen Rechnungsjahres im Umfange des Absatzes 1 zur Fortführung des Haushaltsplanes ermächtigt.

1. Die Vorschrift ist und soll Ausnahme sein. Der SenE noch hatte eine verfassungsmäßige Ermächtigung des Senats, bis zum Inkrafttreten des kommenden Haushalts alle Ausgaben für die aufgeführten Aufgaben zu leisten, enthalten (SenE Art. 66, Sten.Ber. S. 642, ähnlich GG Art. 111 und die meisten Landesverfassungen). Der VerfA hat dies jedoch dahin abgeändert, daß die Ermächtigung nur durch besonderen Beschluß der Bürgerschaft erfolgen kann.

2. Lehnt die Bürgerschaft aber dem Senat die zur Erfüllung der Aufgaben unter Ziff. 1—3 erforderliche Ermächtigung ab, so kommt dies einem verweigerten Vertrauensvotum gleich. Die Verf. gibt dem Senat das Recht, wie mit jeder Vorlage, so auch mit einer Vorlage gemäß Art. 67 Abs. I die Vertrauensfrage zu stellen. Alsdann hat die Bürgerschaft binnen dreier Monate die Möglichkeit, einen neuen Senat zu wählen, dem Senat mit nunmehriger Annahme der Vorlage das Vertrauen auszusprechen, oder sich selbst aufzulösen (Art. 36). Macht die Bürgerschaft hiervon keinen Gebrauch, so ist der Senat nach Ablauf dieser drei Monate oder mit Beginn des neuen Rechnungsjahres zu den Ausgaben gemäß Ziff. 1—3 ermächtigt. Unabhängig hiervon steht ihm das Recht zur Auflösung der Bürgerschaft gemäß Art. 36 Abs. I Satz 2 zu.

3. Jede andere Ermächtigung würde eine Änderung oder Durchbrechung der Verfassung bedingen, wie sie anläßlich der Inflation 1923 mit nachstehendem Wortlaut erfolgt ist (vgl. Mittelstein, Art. 63 Bem. 6):

„Die Finanzdeputation wird für den Rest des Rechnungsjahres 1922 und für das Rechnungsjahr 1923 ermächtigt, die Ausgaben für unabweisbar laufende Bedürfnisse der Staatsverwaltung in dem von der Finanzdeputation anerkannten Umfange auch über die durch den Staatshaushaltsplan bewilligten Beträge hinaus zu bestreiten, mit der Maßgabe, daß die nachträgliche Genehmigung der Bürgerschaft zu derartigen Haushaltsüberschreitungen am Schlusse des Rechnungsjahres 1922 bzw. 1923 zu beantragen ist."

Artikel 68

Nachbewilligungen von Haushaltsmitteln bedürfen eines Beschlusses der Bürgerschaft.

1. Die Vorschrift ist nach Abschluß der Beratungen im VerfA auf Grund der Senatsvorlage Nr. 311 vom 27. Mai 1952 eingefügt worden, da wegen des Grundsatzes der Vorherigkeit und der Vollständigkeit des Haushaltsplanes die Zulässigkeit von Nachbewilligungen sonst zweifelhaft erscheinen könnte.

2. Es ist nur eine Lesung erforderlich, wenn nicht der Fall des Art. 69 vorliegt.

3. Der Fall der Haushaltsüberschreitung (GG Art. 112) ist in der hamb. Verf. nicht geregelt. Erfolgt aus zwingenden Gründen eine solche Haushaltsüberschreitung, ohne daß vorher die Beschlußfassung der Bürgerschaft oder gegebenenfalls des BürgAussch. einzuholen ist, so trägt der Senat hierfür die Verantwortung.

Artikel 69

Auf Beschlüsse der Bürgerschaft, die auf Anträgen aus der Mitte der Bürgerschaft beruhen und die Ausgaben in sich schließen oder für die Zukunft mit sich bringen, für die Mittel im Haushaltsplan nicht vorgesehen sind, sowie auf Beschlüsse der Bürgerschaft, die vom Senat eingebrachte Anträge auf Nachbewilligungen ändern, finden Artikel 49 Absatz 2 und Artikel 50 entsprechende Anwendung.

Die Vorschrift findet keine Anwendung auf den Haushaltsplan und dessen etwaige Abänderung durch die Bürgerschaft, wohl aber auf Nachbewilligung von Haushaltsmitteln bei Änderung eingebrachter Senatsanträge. Um einer etwa bestehenden Gefahr der zu großen Ausgabefreudigkeit zu begegnen, ist für solche Beschlüsse, sowie für alle Beschlüsse, die auf Anträgen aus der Mitte der Bürgerschaft beruhen und Ausgaben mit sich bringen, die Anwendung der Art. 49 Abs. II und Art. 50 vorgesehen, wobei für Art. 49 Abs. III dasselbe gilt, wie zu Art. 66 unter 2 bemerkt.

Artikel 70

(1) Der Senat hat der Bürgerschaft über alle Einnahmen und Ausgaben sowie über das Vermögen und die Schulden der Freien und Hansestadt Hamburg jährlich Rechnung zu legen.

(2) Die Haushaltsrechnung und eine Übersicht über das Vermögen und die Schulden sollen der Bürgerschaft mit den Bemerkungen des Rechnungshofes und der Stellungnahme des Senates im Laufe des nächsten Rechnungsjahres zur Erteilung der Entlastung vorgelegt werden.

Das Gegenstück zum Haushaltsplan ist die endgültige Haushaltsrechnung. Anders als Art. 87 WeimRVerf. und Art. 114 GG „soll" die Rechnungslegung innerhalb des folgenden Haushaltsjahres erfolgen. Die Fassung ist gewählt, um bei außergewöhnlichen Umständen nicht sofort gegen die Verf. zu verstoßen. Die Bürgerschaft wird aber darüber zu wachen haben, daß der Senat rechtzeitig die Haushaltsrechnung vorlegt.

Der VerfA hat den SenE dahin ergänzt, daß auch jährlich Vermögen und Schulden auszuweisen sind, außerdem wurde klargestellt, daß der

Senat einer Entlastung bedarf. Diese Entlastung, d. h. die Feststellung, daß der Senat von seiner verfassungsmäßigen Verantwortung für das Finanzgebahren des betreffenden Rechnungsjahres befreit wird, erfolgt durch einfachen Beschluß der Bürgerschaft. Erfolgt eine Entlastung nicht, so wird die Bürgerschaft darüber zu beschließen haben, in welcher Weise sie den Senat zur Verantwortung zieht, äußersten Falls durch die Entziehung des Vertrauens gemäß Art. 35.

Artikel 71

(1) Die gesamte Haushalts- und Wirtschaftsführung wird durch einen unabhängigen, nur dem Gesetz unterworfenen Rechnungshof überwacht.

(2) Der Senat ernennt mit Zustimmung des Bürgerausschusses den Präsidenten und die sonstigen Mitglieder des Rechnungshofes.

(3) Auf seine Mitglieder finden die für Berufsrichter geltenden Bestimmungen dieser Verfassung entsprechende Anwendung. Für das der Richteranklage entsprechende Verfahren ist das Hamburgische Verfassungsgericht zuständig. Die in den Artikeln 45 Absatz 2 und 63 Absatz 1 vorgesehenen Ausschüsse haben kein Vorschlagsrecht.

(4) Das Gesetz bestimmt das Nähere.

1. Die Prüfung der Wirtschafts- und Haushaltsführung durch eine von der Verwaltung unabhängige Kontroll- und Revisionsinstanz gehört zu den anerkannten Notwendigkeiten einer geordneten Finanzwirtschaft.

In Hamburg erfolgte die Rechnungsprüfung durch ehrenamtliche Bürger, bis 1896 eine durch Berufsbeamte besetzte Zentralinstanz für die Kontrolle und Revision der gesamten Staatsverwaltung in dem der Finanzdeputation unterstellten Revisions- und Kontroll-Büro geschaffen wurde (vgl. Behr, Die Stellung des Rechnungsamtes in der hamburgischen Verwaltung Hans. Rechts-Z 1926, Sp. 729ff.). Durch die Staatshaushaltsordnung vom 22. Dezember 1922 trat an Stelle dieses unselbständigen Büros der Finanzdeputation, das nach dem Vorbild der preußischen Oberrechnungskammer geschaffene Rechnungsamt des Hamburgischen Staates, das der Finanzdeputation angegliedert war. Der leitende Direktor allerdings unterstand nur der unmittelbaren Dienstaufsicht des Senats.

2. Durch das Gesetz über die Errichtung eines Rechnungshofs der Hansestadt Hamburg vom 16. Dezember 1948 (GVBl. S. 147) ist der jetzige „Rechnungshof der Freien und Hansestadt Hamburg" gebildet worden, der eine dem Senat gegenüber selbständige, nur dem Gesetz unterworfene oberste Landesbehörde ist. Der Rechnungshof ist eine kollegiale Behörde, die „aus dem Präsidenten und den sonstigen zu Mitgliedern ernannten Beamten" (§ 4) besteht, ausgestattet mit richterlicher Unabhängigkeit.

Aufgabe des Rechnungshofes ist Rechnungskontrolle und Verwaltungskontrolle. Er legt die Ergebnisse seiner Tätigkeit in Prüfungsberichten, Entscheidungsniederschriften und Gutachten nieder, wobei letztere aus eigener Initiative, im Auftrage des Senats, des Präses der Finanzbehörde oder im Auftrag der Bürgerschaft erstattet werden. Der Rechnungshof berichtet in seinen Prüfungsmitteilungen, Gutachten und Bemerkungen zur Jahresrechnung, und in der Denkschrift des Präsidenten an die Bürgerschaft. Seine Aufgabe, auf eine wirtschaftliche, zweckmäßige und sparsame Haushaltsführung hinzuwirken, macht ihn zum „ständigen Sparkommissar". Eine hamburgische Staatshaushaltsordnung muß noch von der Bürgerschaft beschlossen werden.

3. Der Rechnungshof ist unabhängig und nur dem Gesetz unterworfen, aber er stellt keine „vierte Gewalt" dar. Er ist unabhängig, um ihm die Kontrolle zu ermöglichen, und nur soweit ist er unabhängig. Für seine Mitglieder gilt, daß sie persönlich unabhängig sind, d. h. sie sind gestellt wie Richter und können nur unter denselben Voraussetzungen wie ein Richter aus dem Amt entfernt werden. Der Rechnungshof als ganzes und seine Mitglieder sind ebenso wie die Gerichte sachlich unabhängig, d. h. sie sind an Weisungen nicht gebunden. Der Senat könnte also dem Rechnungshof nicht verbieten, eine von ihm beabsichtigte Prüfung vorzunehmen oder ihm etwa vorschreiben, auf welche Art die Prüfung vorzunehmen sei. Er kann ihm auch nicht vorschreiben, in welcher Weise der Rechnungshof sich über das Ergebnis seiner Prüfungen der Bürgerschaft gegenüber äußert. Im übrigen unterliegt der Rechnungshof aber genau wie alle anderen Behörden der Dienstaufsicht des Senats. Dabei hat die Dienstaufsicht etwa den gleichen Inhalt wie die Dienstaufsicht gegenüber den Gerichten. Die Mitglieder des Rechnungshofs bedürfen also im gleichen Umfang wie die Richter z. B. der Einwilligung des Senats, wenn sie auf Urlaub gehen wollen, für eine Dienstreise und etwa für Gewährung von Beihilfen und Unterstützungen. Der Rechnungshof verkehrt daher grundsätzlich mit der Bürgerschaft nur über den Senat. Er legt also eine Prüfungsbemerkung dem Senat vor, der allerdings verpflichtet ist, sie unverzüglich der Bürgerschaft weiterzureichen. Erst wenn der Rechnungshof begründeten Anlaß hätte anzunehmen, daß der Senat das Ergebnis seiner Prüfung der Bürgerschaft vorenthielte, würde der Rechnungshof der Bürgerschaft direkt zu berichten haben (so auch einstimmige Meinung des Bürgerausschusses in seiner zweiten Sitzung am 30. Juli 1952).

Artikel 72

(1) Nur bei außerordentlichem Bedarf und in der Regel nur für Ausgaben zu werbenden Zwecken dürfen Geldmittel im Wege des Kredits beschafft werden; hierzu bedarf es eines Beschlusses der Bürgerschaft.

(2) Die Übernahme von Sicherheitsleistungen zu Lasten der Freien und Hansestadt Hamburg, deren Wirkung über ein Rechnungsjahr hinausgeht oder die nicht zum regelmäßigen Gang der Verwaltung gehört, bedarf eines Beschlusses der Bürgerschaft.

(3) Ebenso ist die Veräußerung von Staatsgut, die nicht zum regelmäßigen Gang der Verwaltung gehört, nur auf Beschluß der Bürgerschaft zulässig.

(4) Artikel 49 Absatz 2 und Artikel 50 finden entsprechende Anwendung.

1. Ebenso WeimRVerf Art. 87, GG Art. 115 Abs. I spricht von sogenannten „Finanzschulden" (Giese Bem. II 1 zu Art. 115), also Anleihen, Bankkredit, Bürgschaften, nicht aber „Verwaltungsschulden", die im Rahmen der ordnungsmäßigen Verwaltung entstehen (vgl. Wagenhöfer in Die öffentliche Verwaltung, 1949 S. 185ff.).

2. Die Vorschrift ist sowohl Anweisung an den Senat, wie verfassungsmäßige Schranke für die Bürgerschaft (vgl. Süsterhenn-Schäfer, Komm. zur Verf. Rheinland-Pfalz, Bem. 2 zu Art. 117). Es muß außerordentlicher Bedarf vorliegen, der aus laufenden Einnahmen nicht bestritten werden kann, der es aber volkswirtschaftlich rechtfertigt, spätere Jahre finanziell mit Beträgen zu belasten, die für die Gegenwartsausgaben ausgegeben wurden. Die Worte „in der Regel für werbende Zwecke" bedeuten, daß es dem Ermessen von Senat und Bürgerschaft anheimgestellt ist, auch für andere als gewinnbringende Zwecke, so beschaffte Beträge auszugeben.

3. Was zum regelmäßigen Gang der Verwaltung gehört, ist Tatfrage und kann bei den einzelnen Behörden sehr unterschiedlich entschieden werden. In der Regel wird es sich dabei um die üblichen Geschäfte des Alltags handeln, die auch der Staat vornehmen muß, z. B. Veräußerungen von Altmaterial, nicht mehr verwendeten Möbeln, aber auch der Produktionsergebnisse, z. B. der Staatsgüter oder der Gefangenenanstalten. Im Einzelfall wird sehr selten Zweifel darüber auftreten, ob eine Veräußerung im regelmäßigen Gang der Verwaltung erfolgt ist.

4. Zu Abs. 4 vgl. Bem. 2 zu Abs. 66.

VIII.

Schluß- und Übergangsbestimmungen

Artikel 73

Die Wahrnehmung staatsbürgerlicher Rechte und Pflichten in öffentlichen Ehrenämtern darf nicht behindert werden, insbesondere nicht durch ein Arbeits- oder Dienstverhältnis. Dem Arbeitnehmer ist die dafür nötige freie Zeit zu gewähren. Wieweit der Anspruch auf Vergütung erhalten bleibt, bestimmt das Gesetz.

Die Vorschrift stand in den Entwürfen in dem ursprünglich vorgesehenen Abschnitt Wirtschaft und Arbeit. Sie ist als einzige aus diesem Abschnitt Bestandteil der Verf. geworden, nachdem der wesentliche Teil in die Präambel übernommen worden war.

2. Die Wahrnehmung öffentlicher Ehrenämter spielt in Hamburg eine noch größere Rolle als in den meisten anderen Ländern infolge des stadtstaatlichen Aufbaues und der hansestädtischen Tradition. Der Schutz dieser Tätigkeit erschien daher nötig, um so mehr, als Art. 48 Abs. 1 und 2 GG nur den Bundestagsabgeordneten und den Kandidaten zum Bundestag die erforderliche Freizeit sichert.

3. Ohne Regelung der Vergütungsfrage wird die Vorschrift in vielen Fällen unvollkommen bleiben. Diese Frage erschien für eine verfassungsmäßige Regelung aber zu kompliziert, sie ist daher dem Gesetz überlassen worden. Das Gesetz ist noch nicht ergangen.

Artikel 74

Alle hamburgischen Beamten einschließlich der Richter sind auf diese Verfassung zu vereidigen. Der Senat beschließt das Nähere.

Bei der ersten Vereidigung nach Inkrafttreten der Verf. hat der Senat selbst den Eid bei Beamten der BesoldGr. A 1 a und höher abgenommen; bei den übrigen Beamten hat er die Vereidigung auf die Präsides oder auf leitende Beamte delegiert. In Zukunft sollen grundsätzlich alle Beamten der BesoldGr. A 2 c 2 und höher vor dem Plenum des Senats vereidigt werden.

Artikel 75

(1) Ein Beamter, der den Eid auf die Verfassung verweigert, scheidet aus dem Dienstverhältnis aus. Leistet er den Eid, glaubt aber später, ihn nicht aus innerer Überzeugung erfüllen zu können, so hat er seine Entlassung zu beantragen.

(2) Ein Ruhegehalt kann bewilligt werden.

Bei Inkrafttreten der Verf. haben alle Beamten den Eid geleistet. Er ist von niemand verweigert worden. Bei zukünftigen Ernennungen ist eine Verweigerung schon deswegen unwahrscheinlich, weil die Ernennung vom Antrag des zu Ernennenden abhängig ist, der damit schon seinen Willen ausspricht, daß er im verfassungsmäßigen Rahmen dem Staat dienen will. Eine spätere Erklärung, daß der Eid nicht gehalten werden könne, ist bei den Beratungen nicht für sehr wahrscheinlich gehalten worden. Die Möglichkeit ist trotzdem ausdrücklich vorgesehen, um die Freiwilligkeit des „Unterwerfungsverhältnisses" deutlich hervorzuheben.

Artikel 76

(1) Die Vorläufige Verfassung der Hansestadt Hamburg vom 15. Mai 1946 (Hamburgisches Gesetz- und Verordnungsblatt Seite 51) in der Fassung der Gesetze vom 8. Oktober und 7. Dezember 1946 (Hamburgisches Gesetz- und Verordnungsblatt Seiten 103 und 123) wird aufgehoben.

(2) Diese Verfassung tritt am 1. Juli 1952 in Kraft.

Senatsgesetz

Vom 11. Januar 1951 (GVBl. S. 1).

Der Senat verkündet das nachstehende, von der Bürgerschaft beschlossene Gesetz:

I.

Zahl und Wahl der Senatoren

§ 1

Der Senat besteht aus mindestens zehn, höchstens fünfzehn Mitgliedern (Senatoren).

§ 2

(1) Die Senatoren werden von der Bürgerschaft mit der Mehrheit ihrer gesetzlichen Mitgliederzahl gewählt. Vor jeder Wahl hat die Bürgerschaft durch Beschluß die Zahl der Senatoren im Rahmen des § 1 festzulegen. Gewählt wird durch Stimmzettel.

(2) Wählbar ist jeder Deutsche, der die Voraussetzungen zur Wahl in die Bürgerschaft erfüllt; er braucht jedoch vor der Wahl weder seinen Wohnsitz noch seinen Aufenthalt in der Freien und Hansestadt Hamburg gehabt zu haben. Beamte sind wählbar.

(3) Eine Verpflichtung zur Annahme der Wahl als Senator besteht nicht.

§ 3

(1) Wenn bei einer Einzelwahl die erforderliche Mehrheit im ersten Wahlgang nicht erreicht wird, so muß die Wahl wiederholt werden.

(2) Wird auch hierbei die erforderliche Mehrheit nicht erreicht, so findet eine Abstimmung über die beiden Kandidaten statt, die im zweiten Wahlgang die meisten Stimmen erhalten haben. Ergibt sich dabei Stimmengleichheit, so entscheidet das Los.

(3) Haben im zweiten Wahlgang mehr als zwei Kandidaten die gleiche Höchststimmenzahl erhalten, so wird zunächst über diese nochmals abgestimmt. Erhält hierbei niemand die erforderliche Mehrheit, so kommen die beiden, die die meisten Stimmen erhalten haben, in die engere Wahl. Haben wiederum mehr als zwei Kandidaten die gleiche Stimmenzahl erhalten, so entscheidet das Los, wer von ihnen in die engere Wahl kommt.

(4) Hat im zweiten Wahlgang mehr als ein Kandidat die gleiche zweithöchste Stimmenzahl erhalten, so entscheidet das Los, über wen von diesen zusammen mit demjenigen, der die höchste Stimmenzahl erhalten hat, eine nochmalige Abstimmung stattfindet.

§ 4

(1) Sind mehrere Senatoren zu wählen (Mehrwahl), so findet die Wahl einheitlich statt.

(2) Bei Mehrwahlen ist durch einen Stimmzettel zu wählen. Stimmzettel, die zu viele Namen oder denselben Namen mehrfach enthalten, sind ungültig.

(3) Gewählt ist derjenige, der die meisten Stimmen erhalten und gleichzeitig die erforderliche Mehrheit erreicht hat.

(4) Erhalten mehrere zur Wahl stehende Kandidaten die gleiche Stimmenzahl, ohne daß sie sämtlich als gewählt gelten können, so findet eine Neuwahl statt. Im Falle abermaliger Stimmengleichheit entscheidet das Los.

(5) Haben im ersten Wahlgang nicht genügend Kandidaten die erforderliche Stimmenmehrheit erreicht, so werden die fehlenden Senatoren im Wege der Einzelwahl nach § 3 gewählt.

II.

Ordnung der Senatsgeschäfte

§ 5

(1) Der Senat wählt aus seiner Mitte in geheimer Abstimmung seinen Präsidenten (Ersten Bürgermeister) und einen Stellvertreter (Zweiten Bürgermeister) auf die Dauer eines Kalenderjahres. Ihre Wiederwahl ist zulässig.

(2) Der Präsident des Senats hat die Aufgabe, die Senatsgeschäfte zu leiten, das innere und äußere Gedeihen des Staatswesens zu überwachen, für wichtige Staatsangelegenheiten persönlich einzutreten und grundlegende Arbeiten auf dem Gebiet der Gesetzgebung und Verwaltung zu fördern.

§ 6

Scheidet einer der Bürgermeister im Laufe des Jahres aus seinem Amt aus, so hat die Neuwahl innerhalb von zwei Wochen stattzufinden. Erfolgt sie in den letzten drei Monaten des Jahres, so gilt sie zugleich als Wahl für das nächste Kalenderjahr.

§ 7

(1) Die Verteilung der Geschäfte auf die Senatoren und Senatssyndici erfolgt durch Beschluß des Senats. Die Beschlußfassung wird durch einen Ausschuß vorbereitet, dem der Erste Bürgermeister, drei weitere Senatoren und ein Senatssyndikus angehören.

(2) Der Präsident des Senats oder sein Stellvertreter kann einzelne Amtsgeschäfte ohne vorherigen Senatsbeschluß den Senatoren und Senatssyndici vorbehaltlich der Genehmigung des Senats übertragen.

§ 8

Das Verfahren in den Sitzungen des Senats und die geschäftliche Behandlung der Senatsangelegenheiten werden durch eine vom Senat zu beschließende Geschäftsordnung geregelt.

III.

Rechtliche Stellung und Amtsbezüge der Senatoren

§ 9

Die Senatoren sind keine Beamte; sie stehen in einem öffentlichrechtlichen Amtsverhältnis zur Freien und Hansestadt Hamburg.

§ 10

Die Senatoren sind, auch nach Beendigung ihres Amtsverhältnisses, verpflichtet, Verschwiegenheit über solche ihnen amtlich bekanntgewordenen Angelegenheiten zu wahren, deren Geheimhaltung ihrer Natur nach erforderlich, besonders vorgeschrieben oder vom Senat beschlossen worden ist.

§ 11

Die Senatoren dürfen, auch wenn sie nicht mehr im Amt sind, über Umstände, auf die sich ihre Pflicht zur Amtsverschwiegenheit bezieht, als Zeugen oder Sachverständige in einem Zivilprozeß, Strafprozeß, Verwaltungsstreitverfahren oder einem sonstigen Verfahren nur mit Genehmigung des Senats vernommen werden. Die Genehmigung zur Vernehmung als Zeuge darf nur versagt werden, wenn die Ablegung des Zeugnisses dem Wohle der Bundesrepublik Deutschland oder eines deutschen Landes Nachteile bereiten würde.

§ 12

(1) Wird ein Beamter der Freien und Hansestadt Hamburg in den Senat gewählt, so tritt er mit der Annahme der Wahl für die Dauer seiner Mitgliedschaft im Senat in den Wartestand. Sein Wartegeld ruht, solange er Amtsgehalt als Senator bezieht.

(2) Wird ein Angestellter oder Arbeiter der Freien und Hansestadt Hamburg in den Senat gewählt, so ruht sein Arbeitsverhältnis für die

Dauer seiner Zugehörigkeit zum Senat. Die Amtszeit als Senator gilt als ruhegeld- und ruhelohnfähig im Sinne der für die hamburgischen Angestellten und Arbeiter jeweils geltenden versorgungsrechtlichen Vorschriften.

§ 13

(1) Die Senatoren beziehen vom Beginn des Kalendermonats, in dem sie ihr Amt antreten, bis zum Schluß des Kalendermonats, in dem sie ausscheiden, ein Amtsgehalt in Höhe des Grundgehalts der Gruppe B 3a der Reichsbesoldungsordnung.

(2) Der Erste Bürgermeister bezieht daneben eine nichtruhegehaltfähige Aufwandsentschädigung von monatlich 1000,— DM, der Zweite Bürgermeister von monatlich 500,— DM.

(3) Die Bestimmungen über Amtswohnungen, Umzugskostenentschädigungen, Tagegelder und Entschädigungen für Reisekosten erläßt der Senat mit Zustimmung des Bürgerausschusses.

IV.

Ausscheiden der Senatoren aus dem Amt

§ 14

Die Senatoren können jederzeit zurücktreten.

§ 15

Ein Senator, der seine Wählbarkeit verliert oder dem die Bürgerschaft das Vertrauen entzieht, scheidet aus dem Senat aus.

§ 16

Ist gegen einen Senator ein Strafverfahren eingeleitet oder ein Mißtrauensantrag gestellt worden, so kann der Senat beschließen, daß sich der Senator bis zur rechtskräftigen Erledigung des Strafverfahrens oder bis zur Entscheidung über den Mißtrauensantrag unter Weiterempfang seiner Bezüge von den Amtsgeschäften fernzuhalten hat.

V.

Übergangsgeld

§ 17

(1) Die aus dem Amt ausscheidenden Senatoren erhalten von dem Zeitpunkt ab, in dem ihre Amtsbezüge aufhören, Übergangsgeld.

(2) Das Übergangsgeld wird für die gleiche Anzahl von Monaten gezahlt, für die der Senator Amtsbezüge erhalten hat, jedoch mindestens für drei Monate und höchstens für zwei Jahre. Die nach Satz 1 sich ergebende Zeit erhöht sich um die Zahl der Monate, für die der Berechtigte vom Beginn des Monats ab, in dem er das fünfzigste Lebensjahr vollendet hat, Amtsbezüge erhalten hat. Das Übergangsgeld beträgt für die ersten drei Monate die vollen Amtsbezüge nach § 13 Absatz 1, für die weiteren Monate die Hälfte dieser Bezüge.

(3) Steht einem ausscheidenden Senator ein Ruhegehalt nach §§ 19ff. oder aus einem früheren Beamtenverhältnis Ruhegehalt oder Wartegeld zu, das höher als das Übergangsgeld ist, so werden an Stelle des Übergangsgeldes die höheren Versorgungsbezüge gezahlt.

(4) Stirbt ein Senator, ohne einen Anspruch auf Ruhegehalt erworben zu haben, so erhalten die Hinterbliebenen Übergangsgeld für die gleiche Anzahl von Monaten, für die dem Senator Übergangsgeld zugestanden hätte. Es beträgt für die auf den Sterbemonat folgenden drei Monate die vollen Amtsbezüge nach § 13 Absatz 1 und für die weiteren Monate dreißig vom Hundert dieser Amtsbezüge. Stehen den Hinterbliebenen aus einem früheren Beamtenverhältnis des verstorbenen Senators Versorgungsbezüge zu, die höher sind als das Übergangsgeld, so werden an Stelle des Übergangsgeldes die höheren Versorgungsbezüge gezahlt.

(5) Stirbt ein ausgeschiedener Senator während der Zeit des Bezuges von Übergangsgeld, so erhalten die Hinterbliebenen Übergangsgeld für den Zeitraum, für den dem Verstorbenen Übergangsgeld zugestanden hätte. Für die auf den Sterbemonat folgenden drei Monate ist das Übergangsgeld in der gleichen Höhe zu zahlen, wie es der Verstorbene erhalten hätte, für die weiteren Monate in Höhe von dreißig vom Hundert der Amtsbezüge. Absatz 4 Satz 3 gilt entsprechend.

(6) Hinterbliebene im Sinne dieses Paragraphen sind die Witwe und die unterhaltsberechtigten Kinder des verstorbenen Senators. Sind mehrere Anspruchsberechtigte vorhanden, so bestimmt der Senat, an wen das Übergangsgeld zu zahlen oder wie es zu verteilen ist.

(7) Auf ausscheidende Senatoren, die bei der Wahl zum Senator Beamte gewesen sind (§ 12 Absatz 1) und nach dem Ausscheiden aus dem Senat Dienst- oder Versorgungsbezüge auf Grund ihres Beamtenverhältnisses beziehen, finden die Vorschriften der Absätze 1—6 keine Anwendung. Sie erhalten jedoch bis zum Ablauf der auf den Monat des Ausscheidens folgenden drei Monate die vollen Amtsbezüge nach § 13 Absatz 1.

§ 18

(1) Auf das Übergangsgeld werden alle Versorgungsbezüge aus einem öffentlichen Dienstverhältnis sowie alle Bezüge aus einer Verwendung im

öffentlichen Dienst voll angerechnet. Was als Verwendung im öffentlichen Dienst anzusehen ist, richtet sich nach den für die Beamten der Freien und Hansestadt Hamburg jeweils geltenden Vorschriften.

(2) Sonstiges Arbeitseinkommen wird insoweit angerechnet, als es mit dem Übergangsgeld zusammen die jeweiligen Bezüge eines Senators übersteigt.

VI.

Ruhegehalt, Unfallfürsorge und Hinterbliebenenversorgung

§ 19

(1) Die Senatoren haben im Falle ihres Ausscheidens aus dem Senat einen Anspruch auf Ruhegehalt, wenn sie ihr Amt, wenn auch mit Unterbrechungen, fünf Jahre bekleidet haben. Die Zahlung des Ruhegehalts beginnt mit dem Ablauf der Zeit, für die Übergangsgeld nach § 17 gezahlt wird. Hat der ausscheidende Senator das fünfundfünfzigste Lebensjahr noch nicht vollendet, so beginnt die Zahlung des Ruhegehalts mit dem Ersten des Monats, in dem er das fünfundfünfzigste Lebensjahr vollendet oder in dem die Dienstunfähigkeit im Sinne des für die Beamten der Freien und Hansestadt Hamburg jeweils geltenden Rechts festgestellt wird. Ist zu diesem Zeitpunkt noch Übergangsgeld zu zahlen, das höher ist als das Ruhegeld, so beginnt die Zahlung des Ruhegehalts mit dem Ablauf der Zeit, für die Übergangsgeld nach § 17 gezahlt wird.

(2) Hat ein Senator bei Ausübung seines Amts oder in Zusammenhang mit seiner Amtsführung ohne grobes Verschulden eine Gesundheitsschädigung erlitten, die seine Arbeitsfähigkeit wesentlich und dauernd beeinträchtigt, so erhält er Ruhegehalt, auch wenn die Voraussetzungen des Absatz 1 nicht erfüllt sind. Ob die Tatbestände von Satz 1 vorliegen, entscheidet der Senat mit Zustimmung des Bürgerausschusses. Für den Beginn der Zahlung des Ruhegehalts gilt Absatz 1 Satz 2 entsprechend.

(3) Auf Antrag des Senats kann der Bürgerausschuß in Härtefällen das Ruhegehalt zubilligen, auch ohne daß die Voraussetzungen des Absatz 1 vorliegen oder ein höheres Ruhegehalt bewilligen, als sich nach § 20 ergeben würde, insbesondere unter Anrechnung einer Tätigkeit in öffentlichem Interesse.

§ 20

Das Ruhegehalt beträgt, wenn das Ausscheiden aus dem Senat im sechsten Dienstjahr oder im Falle des § 19 Absatz 2 früher erfolgt, fünfunddreißig vom Hundert des Amtsgehalts und steigt für jedes weitere Dienstjahr um drei Hundertstel, bis der Betrag von fünfundsiebenzig vom Hundert erreicht ist.

§ 21

Hat ein Senator einen Dienstunfall erlitten, so finden die für die Beamten der Freien und Hansestadt Hamburg jeweils geltenden Vorschriften über Unfallfürsorge sinngemäß Anwendung.

§ 22

Für die Hinterbliebenenversorgung finden die für die Beamten der Freien und Hansestadt Hamburg jeweils geltenden Vorschriften entsprechend Anwendung, soweit sich aus dem vorstehenden nichts anderes ergibt.

VII.

Gemeinsame Vorschriften für Übergangsgeld, Ruhegehalt und Hinterbliebenenversorgung

§ 23

(1) Für die Festsetzung, die Regelung, die Zahlung, das Ruhen, das Kürzen und das Erlöschen der Versorgungsbezüge finden die für die Beamten der Freien und Hansestadt Hamburg jeweils geltenden Bestimmungen Anwendung.

(2) Absatz 1 findet auf das Übergangsgeld sinngemäß Anwendung, soweit in diesem Gesetz nichts anderes gesagt ist.

VIII.

Vermögensrechtliche Ansprüche

§ 24

Auf die Geltendmachung der vermögensrechtlichen Ansprüche der Senatoren und ihrer Hinterbliebenen finden die für die Beamten der Freien und Hansestadt Hamburg jeweils geltenden Vorschriften Anwendung.

IX.

Aberkennung von Bezügen

§ 25

Hat ein ausgeschiedener Senator der Pflicht zur gewissenhaften Wahrnehmung seines Amts oder zur Geheimhaltung eines Gegenstandes zuwidergehandelt oder sich durch sein Verhalten der Achtung, die das Senatsamt erfordert, unwürdig gezeigt, so kann der Anspruch auf Über-

gangsgeld, Ruhegehalt und Hinterbliebenenversorgung ganz oder teilweise aberkannt werden. Die Aberkennung erfolgt auf Antrag des Senats durch den hamburgischen Verfassungsgerichtshof.

X.

Übergangs- und Schlußvorschriften

§ 26

Das Gesetz tritt am 1. Dezember 1950 in Kraft. Die Vorschriften der §§ 17, 18, 23, 24 und 25 finden auf Senatoren Anwendung, die nach dem 1. Juni 1948 ausgeschieden sind. Die Höhe des Übergangsgeldes richtet sich nach den beim Ausscheiden aus dem Senat gezahlten Amtsbezügen.

Ausgefertigt Hamburg, den 11. Januar 1951

Der Senat

Gesetz über Verwaltungsbehörden

in der Fassung vom 30. Juli 1952 (GVBl. S. 163).

§ 1

(1) Der Senat führt die Verwaltung der Freien und Hansestadt Hamburg. Soweit er die Verwaltungsaufgaben selbst wahrnimmt, kann er zu ihrer Durchführung Senatskommissionen bilden oder Senatsämter einrichten, die dem Senat unterstehen. Im übrigen werden die Verwaltungsaufgaben Fachbehörden zur selbständigen Erledigung übertragen.

(2) Zusammensetzung und Zuständigkeit der Senatskommissionen und Senatsämter werden vom Senat bestimmt. Den Senatskommissionen können auch Senatssyndici angehören.

(3) Der Senat kann einen Senator oder Senatssyndicus mit der Dienstaufsicht über ein oder mehrere Senatsämter beauftragen.

(4) Der Senat kann in allen Verwaltungsangelegenheiten allgemein und im Einzelfall Weisungen erteilen und Verwaltungsangelegenheiten selbst erledigen, auch soweit sie zur Zuständigkeit einer Fachbehörde gehören.

§ 2

Der Senat beschließt über Angelegenheiten, die für die gesamte Verwaltung von Bedeutung sind oder den Fachbereich mehrerer Behörden betreffen. Er entscheidet außerdem über Meinungsverschiedenheiten zwischen mehreren Behörden.

§ 3

Der Senat ist die oberste Beschwerdeinstanz in allen Verwaltungsangelegenheiten, soweit nicht durch Gesetz etwas anderes bestimmt ist.

§ 4

(1) Zur Verwaltung der Freien und Hansestadt Hamburg werden folgende Fachbehörden gebildet:

1. die Finanzbehörde,
2. die Schulbehörde,
3. die Behörde für Wirtschaft und Verkehr,
4. die Baubehörde,
5. die Kulturbehörde,
6. die Gesundheitsbehörde,
7. die Sozialbehörde,
8. die Jugendbehörde,
9. die Behörde für Ernährung und Landwirtschaft,
10. die Arbeitsbehörde,
11. die Gefängnisbehörde,
12. die Polizeibehörde.

(2) Ihre Zuständigkeit wird vom Senat bestimmt.

§ 5

Der Senat bestimmt für jede Fachbehörde die Senatoren, unter ihnen den Präses und mindestens einen Stellvertreter.

§ 6

(1) Die Finanzbehörde ist allgemein, die übrigen Behörden sind im Rahmen ihres Geschäftsbereichs befugt, die Freie und Hansestadt Hamburg vermögensrechtlich und vor den Gerichten zu vertreten.

(2) Der Senat erläßt Vorschriften für den Geschäftsverkehr mit auswärtigen Dienststellen.

§ 7

(1) Bei den Fachbehörden werden Deputationen aus den vom Senat in die Behörde entsandten Senatoren und bürgerlichen Mitgliedern (Deputierten) gebildet. Die Deputierten werden von der Bürgerschaft aus den zur Bürgerschaft wählbaren Einwohnern der Freien und Hansestadt Hamburg für die Dauer der Wahlperiode der Bürgerschaft gewählt; sie führen ihr Amt bis zur Wahl einer neuen Deputation fort. Scheidet ein Deputierter während der Wahlperiode aus, so findet für den Rest der Wahlperiode eine Ersatzwahl statt. Die Bürgerschaft kann Deputierte aus

ihrer Tätigkeit abberufen. Der Beschluß bedarf einer zweiten Beratung und Abstimmung, frühestens 7 Tage nach der ersten Abstimmung. Er bedarf der Mehrheit aller Abgeordneten.

(2) Die Deputierten sind an Aufträge nicht gebunden.

§ 8

(1) Die Zahl der Deputierten beträgt bei den in § 4 Absatz 1 Ziffern 1 bis 4 aufgeführten Behörden 15 und bei den unter Ziffern 5 bis 12 aufgeführten Behörden 11.

(2) Von den Deputierten der Finanzbehörde wird je einer in die unter Ziffern 2 bis 12 aufgeführten Fachbehörden entsandt. Sie haben in diesen Behörden die gleiche Stellung wie die übrigen Deputierten.

§ 9

(1) Die Mitwirkung der Deputierten in den Behörden wird durch Geschäftsordnungen geregelt, die die Deputationen selbst erlassen. Die Geschäftsordnungen bedürfen der Genehmigung des Senats. Die Deputierten nehmen insbesondere teil an Entscheidungen über Angelegenheiten von grundsätzlicher Bedeutung, die Aufstellung und Durchführung des Haushaltsplanes ihrer Behörde, Änderungen in der Organisation ihrer Behörde, die sachliche Erledigung von Beschwerden von allgemeiner Bedeutung und die Vorschläge, die von den Behörden für die Ernennung von Beamten gemacht werden. Im Zweifel entscheidet der Senat über den Kreis derjenigen Sachen, die unter Mitwirkung der Deputierten zu erledigen sind.

(2) In der Polizeibehörde erstreckt sich die Mitwirkung der Deputierten nicht auf Einzelmaßnahmen zur Gefahrenabwehr sowie zur Verfolgung strafbarer Handlungen.

§ 10

Die Deputierten werden zu Sitzungen ihrer Deputation von dem Präses einberufen. Der Präses oder sein Stellvertreter führt den Vorsitz in den Sitzungen der Deputation. Hat der Senat mehrere Senatoren bestimmt, so haben auch die weiteren Senatoren bei den Beratungen Sitz und Stimme. Die vom Senat näher zu bestimmenden leitenden Beamten und ein Mitglied des Gesamtbetriebsrats der einzelnen Behörden nehmen an den Sitzungen mit beratender Stimme teil. Der Präses kann die Teilnahme weiterer Beamten zulassen.

§ 11

Die Deputationen entscheiden in den Sitzungen mit Stimmenmehrheit. Bei Stimmengleichheit gibt die Stimme des Vorsitzenden den Ausschlag.

Die Sitzung ist beschlußfähig, wenn außer dem Präses oder seinem Stellvertreter mindestens die Hälfte der Deputierten anwesend ist. In einer mit einer Ladungsfrist von drei Tagen einberufenen zweiten Sitzung wird über einen wegen Beschlußunfähigkeit abgesetzten Gegenstand ohne Rücksicht auf Beschlußfähigkeit beschlossen. In der Einladung muß darauf hingewiesen werden, daß die Beschlußfassung endgültig sein wird.

§ 12

In dringenden Fällen ist der Präses auch in den im § 9 bezeichneten Angelegenheiten zu selbständiger Entscheidung befugt, die den Deputierten in der nächsten Sitzung mitzuteilen ist.

§ 13

Der Präses hat das Recht und die Pflicht, gegen Beschlüsse der Deputation seiner Behörde binnen einer Woche Einspruch an den Senat zu erheben, wenn die in den Sitzungen der Deputation gefaßten Beschlüsse nach seiner Ansicht ein Gesetz verletzen oder dem Staatswohl zuwiderlaufen. Der Einspruch hat aufschiebende Wirkung. Der Präses ist befugt, eine vorläufige Regelung zu treffen, die der Entscheidung über den Einspruch tunlichst nicht vorgreifen soll.

§ 14

Die Deputierten haben das Recht zur Einsicht in die Akten der Behörde, der sie angehören, sofern nicht gesetzliche Vorschriften oder zwingende Gründe des Staatswohls entgegenstehen. Bei Meinungsverschiedenheiten über das Recht der Akteneinsicht entscheidet der Senat.

§ 15

Die Deputierten üben ihre Tätigkeit ehrenamtlich aus.

§ 16

Die Behörden können mit Genehmigung des Senats für einzelne Abteilungen oder Dienstzweige der Behörde oder für ihnen unterstehende Ämter Verwaltungsausschüsse einsetzen. In dem Einsetzungsbeschluß sind Zusammensetzung und Zuständigkeit des Ausschusses zu regeln. Die Deputierten der Behörden haben das Recht, sich an den Beratungen der im Bereich ihrer Behörde gebildeten Verwaltungsausschüsse zu beteiligen. Die Verwaltungsausschüsse sind berechtigt, zur Beratung der von ihnen erörterten Angelegenheiten in die Sitzungen der Deputation einen Vertreter mit beratender Stimme zu entsenden.

§ 1

Der Senat wird ermächtigt, die zur Durchführung und Ausführung dieses Gesetzes erforderlichen Verordnungen zu erlassen.

§ 18

Dies Gesetz trat mit Wirkung vom 1. April 1947 in der Fassung vom 3. Juni 1947 (Hamburgisches Gesetz- und Verordnungsblatt Seite 25) in Kraft. Für die Zeit vom 4. Mai 1950 bis zum Inkrafttreten des Zweiten Gesetzes zur Änderung des Gesetzes über Verwaltungsbehörden vom 8. Juli 1952 (Hamburgisches Gesetz- und Verordnungsblatt Seite 141) galt es in der durch das Gesetz zur Änderung des Gesetzes über Verwaltungsbehörden vom 29. März 1950 (Hamburgisches Gesetz- und Verordnungsblatt Seite 93) vorgesehenen Fassung. Vom Inkrafttreten des Zweiten Gesetzes zur Änderung des Gesetzes über Verwaltungsbehörden ab gilt, vorbehaltlich der Übergangsbestimmung in Artikel 3 Absatz 2 dieses Gesetzes, die vorstehende Fassung.

Gesetz,

betreffend das Verhältnis der Verwaltung zur Rechtspflege

vom 23. April 1879

(Gesetzsammlung I S. 110)*)

in der Fassung

des Disziplinar- und Pensionsgesetzes für die nicht richterlichen Beamten vom 7. Januar 1884 (Gesetzsammlung I S. 4),

des Gesetzes, betreffend Ausführung der abgeänderten Civilprozeßordnung, vom 22. December 1899 (Amtsblatt S. 1117),

*) Bei dem zugrunde gelegten Text des Verhältnisgesetzes ist zu berücksichtigen, daß einzelne Bestimmungen durch neuere Vorschriften beeinflußt worden sind. In Frage kommen hier vor allem das Grundgesetz für die Bundesrepublik Deutschland, strafprozessuale Normen, Bestimmungen auf dem Gebiet der Verwaltungsgerichtsbarkeit, Vorschriften des hamburgischen Verwaltungsrechts. Es ist also jeweils bei den einzelnen Paragraphen zu prüfen, ob sie gegenstandslos oder geändert worden sind. So ist z. B. — wie bei § 4 hervorgehoben worden ist — das polizeiliche Strafverfügungsrecht weggefallen. § 17a ist möglicherweise durch Art. 129 Abs. 3 GG gegenstandslos geworden. Als Rechtsmittel gegen Verwaltungsakte kommt der Einspruch nach dem Gesetz v. 29. Oktober 1949 (GVBl. S. 265) in Verbindung mit der VO Nr. 165 in Betracht. Bei Freiheitsentziehungen nach § 22 des Gesetzes ist das Ges. zur Ausführung des Art. 104 des Bonner Grundgesetzes vom 17. 8. 1949 (GVBl. S. 117) zu beachten.

des Gesetzes über Änderung des § 17 Abs. 2 des Gesetzes, betreffend das Verhältnis der Verwaltung zur Rechtspflege, vom 23. April 1879. Vom 6. März 1914 (Amtsblatt S. 141),
des Gesetzes über Verwaltungsgerichtsbarkeit vom 2. November 1921 (GVBl. S. 585),
des Gesetzes zur Ergänzung des Gesetzes, betreffend das Verhältnis der Verwaltung zur Rechtspflege, vom 8. Oktober 1923 (GVBl. S. 1233),
der Verordnung über Vermögensstrafen und Bußen vom 6. Februar 1924 (RGBl. I S. 44),
der Zweiten Verordnung zur Durchführung des Münzgesetzes vom 12. Dezember 1924 (RGBl. I S. 775),
der Verordnung zur Änderung der Währungsbezeichnungen vom 7. März 1927 (GVBl. S. 143),
des Gesetzes, betreffend die Zwangsvollstreckung gegen den Staat und die Gemeinden, vom 30. Juni 1933 (GVBl. S. 247),
der Verordnung über das Verwaltungszwangsverfahren vom 20. Juni 1939 (Hamburgisches Verordnungsblatt S. 67),
des Gesetzes Nr. 61 — Erstes Gesetz zur Neuordnung des Geldwesens (Währungsgesetz) — vom 20. Juni 1948 (Amtsblatt der Militärregierung Deutschland — Britisches Kontrollgebiet — Nr. 25 S. 848).

Der Senat hat in Übereinstimmung mit der Bürgerschaft beschlossen und verkündet hierdurch als Gesetz, welches gleichzeitig mit dem für das Deutsche Reich erlassenen Gerichtsverfassungsgesetze in Kraft tritt, was folgt:

Erster Abschnitt

Verhältniß der Verwaltung zur Civilrechtspflege

§ 1[1])

Streitigkeiten, welche nach staatsrechtlichen Grundsätzen zu beurtheilende öffentliche Verhältnisse, namentlich die innere Einrichtung der Staatsbehörden und die Verhältnisse der einzelnen Mitglieder zu denselben, desgleichen die Verhältnisse der Staatsbehörden gegen einander und gegen den Staat betreffen, gehören nicht zur Zuständigkeit der ordentlichen Gerichte, sondern sind nach Maßgabe des geltenden Rechts entweder im Wege der Verwaltung oder im Verwaltungsstreitverfahren oder durch die gesetzgebende Gewalt zu erledigen.

Insbesondere gilt dies auch für die Entscheidung der Frage, ob Jemandem staatsbürgerliche Rechte zustehen, und ob Jemand zur Annahme und Fortführung eines bürgerlichen Ehrenamts verpflichtet sei.

§ 2

Die Polizeibehörden können bei Streitigkeiten über die Vergütung für solche Dienstleistungen, für welche eine polizeiliche Taxe besteht, auf Antrag einer der Parteien eine Entscheidung fällen.

Die Entscheidung ist sofort vollstreckbar; Rechtsmittel können dawider nicht eingelegt werden. Sie ist jedoch insofern eine nur vorläufige, als es den Parteien zusteht, eine gerichtliche Entscheidung zu erwirken. Dem Gläubiger bleiben demgemäß weitere Ansprüche vorbehalten, und demjenigen, der in Folge der polizeilichen Entscheidung Zahlung geleistet hat, bleibt es unbenommen, Klage auf Rückzahlung gegen den Empfänger vor den Gerichten zu erheben.

§ 3

Zur Verhinderung von Friedensstörungen sind die Polizeibehörden befugt, Friedensbefehle zu erlassen, und, sofern bei Gefahr im Verzuge ein sofortiges richterliches Einschreiten nach Maaßgabe Buch 8 Abschnitt 5 der Civilprozeßordnung nicht thunlich erscheint:

1. **Eheleute, oder andere Personen, welche eine gemeinschaftliche Wohnung inne haben, voneinander zu trennen, über den Besitz bis dahin von diesen Personen gemeinsam besessener Gegenstände Anordnungen zu treffen, und dem Einen von ihnen zu verbieten, gegen den Willen des Andern die Wohnung wieder zu betreten;**
2. **Befehle zur Aufrechthaltung des Besitzstandes zu erlassen, sowie Gegenstände in Sequestration zu nehmen.**

Für ein späteres gerichtliches Verfahren unter den Parteien sind diese Anordnungen nicht maaßgebend.

§ 3a[2])

Zweiter Abschnitt

Verhältniß der Verwaltung zur Strafrechtspflege

§ 4

Den Polizeibehörden steht die in den §§ 453—458*) der Strafprozeßordnung näher bestimmte Befugniß, eine in den Strafgesetzen angedrohte

*) Später §§ 413—418 StPO nach der Bekanntmachung v. 22. 3. 1924 (RGBl. I S. 299); die Befugnis ist infolge der Neufassung des § 413 der StPO auf Grund von Art. I der VO über die Aufhebung polizeilicher Strafverfügungen und Einführung gerichtlicher Strafverfügungen v. 10. 8. 1946 (GVBl. S. 89) auf den Amtsrichter übergegangen. Im übrigen vgl. Art. 3 Ziff. 179 und Ziff. 180 sowie Art. 8 Ziff. 48 des Ges. zur Wiederherstellung der Rechtseinheit usw. v. 12. 9. 1950 (BGBl. S. 455ff.).

Strafe durch Verfügung festzusetzen, bei allen Übertretungen zu. Es gilt hierfür jedoch die Beschränkung, daß keine andere Strafe als Geldstrafe und diejenige Haft, welche für den Fall, daß die Geldstrafe nicht beigetrieben werden kann, an die Stelle der letzteren tritt, so wie eine etwa verwirkte Einziehung verhängt werden kann. Auf die im § 361 des Strafgesetzbuchs aufgeführten Übertretungen findet diese Beschränkung keine Anwendung.

§ 5

Bei Zuwiderhandlungen gegen die Vorschriften über die direkten oder indirekten Steuern oder über öffentliche Gefälle können die Verwaltungsbehörden, welchen die Ausführung dieser Gesetze obliegt, falls nur Geldstrafe oder Einziehung oder Beides in Frage steht, gegen die Beschuldigten Strafbescheide unter Berücksichtigung der Bestimmungen im § 459*) der Strafprozeßordnung erlassen.

§ 6

Die in den §§ 4 und 5 genannten Behörden können vor Erlaß der Strafverfügung oder des Strafbescheides einen ihrer Beamten mit den zur Feststellung des Thatbestandes erforderlichen Ermittelungen beauftragen, auch Gegenstände, welche zur Verübung der strafbaren Handlung oder zum Versuch derselben benutzt sind, mit Beschlag belegen, den Beschuldigten oder Zeugen unter Angabe des Gegenstandes der Untersuchung zur Ertheilung der erforderlichen Auskunft vorladen und dem Beschuldigten die Vorlegung der auf den Gegenstand bezüglichen Dokumente auferlegen.

Wenn der Beschuldigte nicht erscheint oder die Auskunft oder die Vorlegung der geforderten Dokumente verweigert, so kann die Behörde, unbeschadet der ihr nach § 20 zustehenden Befugniß, annehmen, daß er der ihm zur Last gelegten strafbaren Handlung geständig ist. Auf diese nachtheilige Folge des Ausbleibens ist in der Vorladung hinzuweisen.

Wenn ein Zeuge nicht erscheint oder die Auskunft oder die Vorlegung der geforderten Dokumente verweigert, so kann die Behörde, unbeschadet der ihr nach § 20 zustehenden Befugniß, sich an den zuständigen Amtsrichter wenden, welcher, wenn die beantragte Handlung nach den Umständen des Falles zulässig erscheint, nach Maaßgabe der Strafprozeßordnung zu verfahren hat.

§ 7

Der Beschuldigte hat, und zwar auch, wenn er nach § 6 Absatz 2 der Handlung geständig erachtet worden, die Wahl, ob er gegen die Strafverfügung oder den Strafbescheid die Beschwerde an den Senat ergreifen

---

*) Später § 419 StPO nach der Bekanntmachung v. 22. 3. 1924 (RGBl. I S. 299). § 419 ist auf Grund der Ziff. 180 von Art. 3 des Ges. zur Wiederherstellung der Rechtseinheit usw. v. 12. 9. 1950 (BGBl. S. 455ff.) weggefallen.

oder nach Maaßgabe §§ 453ff.*), beziehungsweise §§ 459ff.*) der Strafprozeßordnung auf gerichtliche Entscheidung antragen will. Wählt er den einen Weg, so ist er des andern verlustig.

Wenn der Beschuldigte auf gerichtliche Entscheidung anträgt, hat die Polizeibehörde oder die sonstige betreffende Verwaltungsbehörde innerhalb vier Wochen entweder die Strafverfügung oder den Strafbescheid zurückzunehmen oder die Akten der Staatsanwaltschaft zur Veranlassung des Weiteren zu übersenden.

Die Beschwerde an den Senat hat der Beschuldigte, wenn es sich um die Strafverfügung einer Polizeibehörde handelt, bei dieser Behörde, wenn es sich um den Strafbescheid einer anderen Verwaltungsbehörde handelt, entweder bei dieser Behörde oder bei derjenigen, welche den Bescheid bekannt gemacht hat, und zwar in jedem Falle innerhalb einer Woche nach der Bekanntmachung schriftlich oder zu Protokoll anzumelden.

Reicht der Beschuldigte ein Gnadengesuch bei dem Senate ein, so verzichtet er damit auf gerichtliche Entscheidung.

§ 8

Wenn der Beschuldigte die Beschwerde an den Senat ergreift, so kann er innerhalb einer ferneren Woche eine Rechtfertigung seiner Beschwerde der Behörde, bei welcher er die Beschwerde angemeldet hat, übergeben. Nach Ablauf dieser Frist übersendet die Behörde, falls sie nicht die Verfügung oder den Bescheid zurücknimmt, die erwachsenen Akten an den Senat.

Der Senat kann vor Abgabe seiner Entscheidung den zuständigen Amtsrichter mit Vornahme der zur Feststellung des Thatbestandes erforderlich scheinenden Untersuchungshandlungen beauftragen. Auf diese Untersuchungshandlungen finden die Bestimmungen der Strafprozeßordnung entsprechende Anwendung.

Die Entscheidung des Senats ist sofort vollstreckbar.

§ 9

Die Beamten und Angestellten der in den §§ 4 und 5 gedachten Behörden sind berechtigt, die der dort bezeichneten strafbaren Handlungen Verdächtigen festzunehmen, wenn die Voraussetzungen des § 127 Absatz 1 oder 2 der Strafprozeßordnung vorliegen. In solchem Falle ist weiter nach Maaßgabe des § 128 der Strafprozeßordnung zu verfahren.

§ 10[3])

*) Siehe Bemerkungen zu §§ 4 und 5.

§ 11[4])

Der Senat und die Verwaltungsbehörden können denjenigen, welcher sich in einer an sie gerichteten Eingabe ungebührliche Äußerungen erlaubt oder sich vor ihrem Protokoll ungebührlich beträgt, in eine Geldstrafe nehmen, und zwar der Senat bis zu eintausend Deutsche Mark, die Verwaltungsbehörden bis zu eintausend Deutsche Mark.

Die solchergestalt vom Senate auferlegten Strafen sind sofort vollstreckbar; gegen die von den Verwaltungsbehörden auferlegten steht dem Betreffenden nur die Beschwerde an den Senat zu, bei welcher die Vorschriften des § 7 Absatz 3 und § 8 Anwendung finden.

§ 12[5])

Die Vollstreckung der im § 2 erwähnten Entscheidungen der Polizeibehörden, so wie der durch vollstreckbar gewordene Verfügungen oder vollstreckbar gewordene Bescheide der in den §§ 4 und 5 bezeichneten Behörden oder durch darauf ergangene Entscheidungen des Senats festgesetzten Geldstrafen, endlich der nach dem § 11 verhängten oder nach dem § 19 verwirkten Geldstrafen erfolgt auf dem Verwaltungswege.

Auch eine vollstreckbar gewordene Einziehung (§§ 4 und 5) wird auf dem Verwaltungswege vollstreckt.

§ 13[6])

Eine Umwandlung der Geldstrafe oder eines Theiles derselben in Freiheitsstrafe kann nur stattfinden, wenn die Geldstrafe mittelst der im vorigen Paragraphen erwähnten Zwangsvollstreckung nicht oder nicht zu ihrem vollen Belaufe beigetrieben werden konnte. In den Fällen des § 5 hat der in die Geldstrafe Verurtheilte, wenn derselbe nach fruchtlos versuchter Vollstreckung in körperliche Sachen das Vorhandensein anderer geeigneter Gegenstände für die Zwangsvollstreckung behauptet, den desfallsigen Nachweis zu übernehmen. In den Fällen des § 19 ist die Umwandlung erst vorzunehmen, nachdem entweder die Frist für Erhebung einer gerichtlichen Klage ungenutzt abgelaufen, oder die erhobene Klage durch Zurücknahme oder rechtskräftige Verwerfung erledigt ist.

Die Umwandlung erfolgt außer im Falle des § 5 (vgl. Strafprozeßordnung § 463)*) ohne Vermittelung der Gerichte durch Anspruch der Behörde, von welcher die Geldstrafe verfügt wurde. Die Strafe wegen Ungebühr (§ 11) ist in Haft bis zu 8 Tagen, diejenige wegen Nichtbefolgung eines Befehls (§ 19) in Haft bis zu 14 Tagen umzuwandeln.

---

*) Später § 423 StPO nach der Bekanntmachung v. 22. 3. 1924 (RGBl. I S. 299). § 423 ist auf Grund Ziff. 180 des Art. 3 des Ges. zur Wiederherstellung der Rechtseinheit auf dem Gebiete der Gerichtsverfassung usw. v. 12. 9. 1950 (BGBl. S. 455) weggefallen.

Die Vollstreckung dieser Freiheitsstrafen erfolgt durch die zuständige Polizeibehörde. Dasselbe gilt von denjenigen Haftstrafen, welche durch vollstreckbar gewordene Verfügungen der Polizeibehörden (§ 4) oder darauf ergangene Entscheidungen des Senats festgesetzt worden sind.

§ 14

Über Personen, welche sich in einer öffentlichen Anstalt in Haft oder Verwahrung befinden, können von der der Anstalt vorgesetzten Behörde nach Maaßgabe der Hausordnung, sofern es sich um Untersuchungsgefangene handelt unter Berücksichtigung des § 116 der Strafprozeßordnung, Strafen verhängt werden.

§ 15

Über Requisitionen auswärtiger Behörden auf Auslieferung eines dem Deutschen Reiche nicht Angehörigen wegen begangener strafbarer Handlungen entscheidet der Senat, insofern Staatsverträge nicht etwas Anderes bestimmen.

Die vorläufige Verhaftung solcher Personen kann von der zuständigen Polizeibehörde vorgenommen werden.

Dritter Abschnitt

Verfahren einzelner Behörden in Verwaltungsangelegenheiten

§ 16[7])

§ 17[8])

Die zur Einziehung von Steuern und Gefällen, Abgaben und Gebühren so wie von sonstigen auf Grund gesetzlicher Normen und bestimmter Tarife festzustellenden Leistungen zuständigen Behörden bestimmen in Gemäßheit der bestehenden Gesetze, von wem und in welchem Maaße die betreffenden Zahlungen zu leisten sind und verfügen die Vollstreckung, und zwar einschließlich eines wegen Nichteinhaltung der Zahlungsfrist etwa gesetzlich vorgeschriebenen Zuschlags.

§ 17a[9])

Die Verwaltungsbehörden sind berechtigt, durch öffentliche Bekanntmachung unter Androhung von Strafen bis zum Betrage von einhundertfünfzig Deutsche Mark die Befolgung der ihnen nach den Gesetzen zustehenden Anordnungen zu sichern, sofern in diesen Gesetzen nichts anderes bestimmt ist.

§ 18[10])

§ 19[11])

Die Verwaltungsbehörden sind berechtigt, die von ihnen in Ausübung der obrigkeitlichen Gewalt rechtmäßig getroffenen Anordnungen durch Anordnung von Zwangsmitteln durchzusetzen.

Als Zwangsmittel sind, soweit nicht ein anderes bestimmt ist, die Festsetzung von Geldstrafen, die Anwendung unmittelbaren Zwanges und die Ersatzvornahme zulässig. Im Falle der Ersatzvornahme kann die Verwaltungsbehörde die zu erzwingende Handlung auch durch einen andern ausführen lassen. Die entstehenden Kosten werden nach den Vorschriften des § 17 beigetrieben.

Die Verwaltungsbehörde hat zwischen den nach Absatz 2 zulässigen Zwangsmitteln die Wahl. Die Festsetzung eines Zwangsmittels darf erst nach vorheriger Androhung erfolgen. Bei Gefahr im Verzuge ist die Anwendung unmittelbaren Zwanges oder die Ersatzvornahme auch ohne vorherige Androhung zulässig.

Gegen die Androhung und gegen die Festsetzung eines Zwangsmittels sind dieselben Rechtsbehelfe zulässig, wie gegen die Anordnungen, die durchgesetzt werden sollen.

Auf die Vollstreckung und Umwandlung einer festgesetzten Geldstrafe finden die Vorschriften der §§ 12, 13 Anwendung.

§ 20[12])

Die Verwaltungsbehörden sind berechtigt, zur Feststellung der in ihren Geschäftskreis fallenden Thatsachen Vorladungen unter Androhung einer Strafe bis zu eintausend Deutsche Mark zu erlassen.

§ 20 a[13])

Die Polizeibehörden sind insbesondere berechtigt, für den Umfang ihres Bezirks durch öffentliche Bekanntmachungen unter Androhung von Strafen bis zum Betrage von einhundertfünfzig Deutsche Mark Polizeiverordnungen zu erlassen, welche

1. den Schutz von Personen und Eigentum gegen unmittelbar drohende Gefahren, die Sicherung des öffentlichen Verkehrs und den Schutz gegen gemeingefährliche Handlungen,
2. die Regelung des Betriebes in den unter polizeiliche Aufsicht gestellten Gewerben

bezwecken.

Der Senat ist berechtigt, für den Umfang des ganzen Staatsgebiets durch öffentliche Bekanntmachungen unter Androhung von Strafen bis zum Betrage von einhundertfünfzig Deutsche Mark Polizeiverordnungen zu erlassen.

§ 21

Die Polizeibehörden sind berechtigt, Gegenstände, von denen ein gemeingefährlicher Gebrauch zu befürchten steht, oder welche zur Verübung eines Verbrechens oder Vergehens bestimmt sind, in Verwahrung zu nehmen und, sofern deren Aufbewahrung unthunlich oder gefährlich ist, dieselben zu vernichten.

§ 22

Die Polizeibehörden und ihre Beamten und Angestellten sind befugt, Personen in Verwahrung zu nehmen, wenn der eigene Schutz dieser Personen oder die Aufrechterhaltung der öffentlichen Sicherheit und Ruhe oder die Anwendung von Gefahren für andere Personen diese Maaßregel erforderlich macht.

In polizeiliche Verwahrung können auch solche Personen genommen werden, welche nach Maaßgabe § 3 des Reichsgesetzes über das Paßwesen vom 12. October 1867 sich auf Erfordern über ihre Person nicht genügend auszuweisen vermögen.

Der Vorstand der betreffenden Polizeibehörde hat jedoch die in Folge dieser Bestimmungen in Verwahrung genommenen Personen spätestens am nächsten Werktage wieder zu entlassen, oder die nöthigen Maaßregeln zum ferneren Schutze, beziehungsweise zur Legitimation dieser Personen oder zur Überweisung derselben an die zuständige Behörde anzuordnen.

§ 23

Die Polizeibehörden sind befugt, soweit nicht Gesetze und Staatsverträge entgegenstehen, Personen, welche dem hiesigen Staate nicht angehören, aus demselben zu verweisen, falls sie dies im öffentlichen Interesse für erforderlich halten.

Behufs Ausführung einer Ausweisung können von den Polizeibehörden solche Personen, welche eine Freiheitsstrafe erduldet haben, so wie diejenigen, welche der gegen sie verfügten Ausweisung nicht Folge leisten, festgenommen werden.

Vierter Abschnitt

Zulässigkeit der Civilklage[14])

Schlußbestimmungen

§ 32

Unter dem Ausdrucke Polizeibehörden in diesem Gesetze sind die staatlichen Organe der Polizeiverwaltung zu verstehen, die Organe der Gemeindepolizei aber nur, insofern dieselben in einzelnen Fällen von jenen zur Hülfe herangezogen werden.

§ 33

Das provisorische Gesetz über das Verfahren in streitigen Verwaltungs- und Regierungssachen vom 12. August 1859 und das Gesetz betreffend das Verhältniß der Verwaltung zur Strafrechtspflege und die Kompetenz der Polizeibehörde vom 30. April 1869 sind aufgehoben.

Gegeben in der Versammlung des Senats,
Hamburg, den 23. April 1879.

1) Die Fassung des § 1 Abs. 1 beruht auf § 69 Abs. 2 Ziff. I des Ges. v. 2. 11. 1921.

2) § 3a war durch das Ges. zur Ergänzung des Gesetzes betreffend das Verhältnis der Verwaltung zur Rechtspflege v. 10. 10. 1923 (GVBl. S. 1234) eingefügt worden. Er ist durch § 16 des Ges. v. 30. 6. 1933 aufgehoben worden.

3) § 10 ist mit dem Erlaß des Ges. v. 7. 1. 1884 gegenstandslos geworden (siehe auch § 2 Satz 1 dieses Gesetzes).

4) Die Fassung des § 11 Abs. 1 beruht auf folgenden Bestimmungen: Art. II und Art. III Abs. 1 Ziff. 2 der VO v. 6. 2. 1924, § 4 der VO v. 12. 12. 1924, VO v. 7. 3. 1927, Gesetz v. 20. 6. 1948.

5) Der frühere Satz 2 des § 12 Abs. 1 ist durch Art. 2 der VO v. 20. 6. 1939 aufgehoben worden.

6) Die früher in § 13 Abs. 1 Satz 3 vor dem Wort „Frist" enthaltenen Wörter „im § 26 bestimmte" sind auf Grund des § 69 Abs. 2 Ziff. II des Ges. v. 2. 11. 1921 gestrichen worden.

7) § 16 ist auf Grund Ziff. II 1 des Ges. v. 8. 10. 1923 weggefallen.

8) Die früheren Absätze 2 und 3 des Ges. v. 23. 4. 1879 wurden zunächst auf Grund § 8 des Ges. v. 22. 12. 1899 durch einen neuen zweiten Absatz ersetzt, der durch Art. I des Ges. v. 6. 3. 1914 einen Zusatz erhielt. Auf Grund Ziff. II 2 des Ges. v. 8. 10. 1923 wurde alsdann ein

neuer Abs. 2 eingefügt, der Abs. 2 wurde Abs. 3. Durch Art. 2 der VO v. 20. 6. 1933 sind die Abs. 2 und 3 aufgehoben worden.

9) § 17a ist auf Grund Ziff. II 3 des Ges. v. 8. 10. 1923 eingefügt worden. Wegen der Währungseinheit vgl. die VO v. 6. 2. 1924, § 4 der VO v. 12. 12. 1924, VO v. 7. 3. 1927 und Ges. v. 20. 6. 1948.

Der Rahmen der Geldstrafe ist davon abhängig, ob die in § 17a angedrohte Strafe eine kriminelle Übertretungsstrafe im Sinne des Art. III Abs. 1 Ziff. 1 oder eine Zwangsstrafe (Zwangsgeld) bzw. eine Ordnungsstrafe im Sinne des Art. II in Verbindung mit Art. III Abs. 1 Ziff. 2 der VO v. 6. 2. 1924 ist. Im ersten Fall würde der Rahmen 1—150 Deutsche Mark (so Wulff, Anm. 2 zu § 17a des Verhältnisgesetzes Nr. 31 der Sammlung S. 248), im zweiten Fall 1—1000 Deutsche Mark betragen (so Perels, Hamburgische Gesetze staats- und verwaltungsrechtlichen Inhalts, Zweite Aufl. 1930 Fußnote 1 zu § 17a des Verhältnisgesetzes S. 128, der davon ausgeht, daß es sich um eine Zwangsstrafe handelt).

Da § 17a den Verwaltungsbehörden ein Verordnungsrecht gegeben hat (vgl. den im Aussch. Bericht der Bürgerschaft Nr. 25 v. April 1923 erwähnten neu einzufügenden § 17. Es ist hier von einem „Polizeiverordnungsrecht" die Rede, obwohl das Polizeiverordnungsrecht in § 22 — jetzt § 20a — geregelt wurde; vgl. dazu die kritische Stellungnahme von Hartmann „Die Novelle zum Verhältnisgesetz" — Hans. Rechts- und Gerichtszeitschrift 1928 Sp. 338ff., hier Sp. 340 unten) und da die Bestimmung offenbar in Zusammenhang mit dem jetzigen § 20a Abs. 1 stand (wofür das in § 20a Abs. 1 stehengebliebene Wort „insbesondere" ein Hinweis zu sein scheint; vgl. dazu Hartmann, aaO., Sp. 340 und Sp. 341 mit Fußnote 5), da es sich außerdem bei der in § 20a Abs. 1 angedrohten Strafe um eine kriminelle Übertretungsstrafe im Sinne des Art. III Abs. 1 Ziff. 1 der VO vom 6. 2. 1924 handelt, liegt es nahe, in Übereinstimmung mit Wulff die in § 17a angedrohte Strafe für eine kriminelle Übertretungsstrafe zu halten, so daß der Strafrahmen 1—150 Deutsche Mark betragen würde.

10) § 18 ist durch Art. 2 der VO v. 20. 6. 1939 aufgehoben worden.

11) Die Fassung des § 19 beruht auf Ziff. II 4 des Ges. v. 8. 10. 1923.

12) Die Fassung des § 20 beruht auf Ziff. II 5 des Ges. v. 8. 10. 1923 in Verbindung mit folgenden Bestimmungen: Art. II und Art. III Abs. 1 Ziff. 2 der VO v. 6. 2. 1924, § 4 der VO v. 12. 12. 1924, VO v. 7. 3. 1927, Ges. v. 20. 6. 1948.

13) § 20a ist durch Ziff. II 6 des Ges. v. 8. 10. 1923 eingefügt worden. Seine Fassung beruht im übrigen auf folgenden Bestimmungen: Art. III Abs. 1 Ziff. 2 der VO v. 6. 2. 1924, § 4 der VO v. 12. 12. 1924, VO v. 7. 3. 1927, Ges. v. 20. 6. 1948.

14) Der Vierte Abschnitt ist auf Grund des § 69 Abs. 2 Ziff. III des Ges. v. 2. 11. 1921 weggefallen.

Gesetz über die Polizeiverwaltung

Vom 7. November 1947 (GVBl. S. 73).

§ 1*)

Die Polizei hat im Rahmen der geltenden Gesetze die nach pflichtgemäßem Ermessen notwendigen Maßnahmen zu treffen, um von der Allgemeinheit oder dem einzelnen Gefahren abzuwehren, durch die die öffentliche Sicherheit oder Ordnung bedroht wird. Daneben hat die Polizei diejenigen Aufgaben zu erfüllen, die ihr durch Gesetz besonders übertragen sind.

*) Durch das Zweite Gesetz zur Änderung des Gesetzes über Verwaltungsbehörden vom 8. Juli 1952 (GVBl. S. 141) wurde das Gesetz bis auf § 1 Abs. 1 außer Kraft gesetzt.

Richterwahlgesetz

Vom 8. Juli 1952 (GVBl. S. 137).

Der Senat verkündet das nachstehende, von der Bürgerschaft beschlossene Gesetz:

§ 1

(1) Der nach Artikel 63 der Verfassung der Freien und Hansestadt Hamburg vom 6. Juni 1952 zu bildende Richterwahlausschuß wird jeweils für die Dauer von drei Jahren bestellt.

(2) Die Mitglieder des Ausschusses und ihre Stellvertreter werden nach den Vorschriften der §§ 2 bis 6 dieses Gesetzes berufen. Sie bleiben im Amt, bis der Richterwahlausschuß neu bestellt ist; ihre Wiederwahl ist zulässig.

§ 2

Der Senat bestimmt durch seine Geschäftsverteilung, welche Senatoren oder Senatssyndici dem Richterwahlausschuß angehören.

§ 3

(1) Die sechs bürgerlichen Mitglieder des Richterwahlausschusses werden von der Bürgerschaft gewählt. Sie müssen zur Bürgerschaft wählbar und sollen im Rechtsleben erfahren sein.

(2) Die Bürgerschaft kann die bürgerlichen Mitglieder abberufen. Dazu sind zwei übereinstimmende Beschlüsse erforderlich, zwischen denen ein Zeitraum von mindestens sieben Tagen liegen muß. Beide Beschlüsse bedürfen der Zustimmung der Mehrheit der gesetzlichen Mitgliederzahl.

§ 4

(1) Die drei richterlichen Mitglieder des Richterwahlausschusses, von denen einer der Arbeits- oder Sozialgerichtsbarkeit angehören muß, werden von einem Wahlkollegium aus der Zahl der bei den hamburgischen Gerichten planmäßig angestellten Berufsrichter mit einfacher Stimmenmehrheit gewählt.

(2) Das Wahlkollegium besteht aus dem Vorsitzenden und vierzehn Mitgliedern. Vorsitzender ist der Präsident des Hanseatischen Oberlandesgerichts, der seinen Vertreter bestimmt. Die Mitglieder müssen planmäßig angestellte Berufsrichter sein; sie werden in allgemeiner, unmittelbarer und geheimer Wahl auf die Dauer der Amtszeit des Richterwahlausschusses gewählt. Je vier Mitglieder werden von den Richtern des Landgerichts und der Amtsgerichte gewählt, während die Richter des Hanseatischen Oberlandesgerichts (Hamburgisches Oberverwaltungsgericht) zwei Mitglieder, die Richter des Landesverwaltungsgerichts, des Landesarbeitsgerichts und des Arbeitsgerichts, des Finanzgerichts und des Oberversicherungsamtes je ein Mitglied wählen. Scheidet ein Mitglied aus, so wird das Wahlkollegium durch Ersatzwahl für den Rest der Amtszeit ergänzt.

§ 5

(1) Die für den Richterwahlausschuß zu bestellenden zwei Rechtsanwälte werden von dem Vorstand der Hanseatischen Rechtsanwaltskammer ernannt.

(2) Bei der Wahl von Berufsrichtern der Arbeits- und Sozialgerichtsbarkeit wirken an Stelle der zwei Rechtsanwälte je ein auf diesem Rechtsgebiet erfahrener Vertreter der Arbeitnehmer und der Arbeitgeber mit, die vom Senat ernannt und abberufen werden.

§ 6

Für jedes Mitglied des Richterwahlausschusses ist nach den Vorschriften der §§ 2—5 ein Stellvertreter zu berufen.

§ 7

(1) Die Mitgliedschaft der gemäß §§ 3—6 bestellten Mitglieder des Richterwahlausschusses erlischt durch Verzicht, der dem Vorsitzenden schriftlich zu erklären ist.

(2) Die Mitgliedschaft der bürgerlichen Mitglieder erlischt mit Verlust der Wählbarkeit.

(3) Die Mitgliedschaft eines nach § 2 oder § 4 berufenen Mitgliedes erlischt mit dem Verlust des Amtes, die eines nach § 5 Absatz 1 berufenen

Mitgliedes, wenn es bei keinem hamburgischen Gericht mehr zugelassen ist.

(4) Für Stellvertreter gelten diese Vorschriften entsprechend.

§ 8

Scheidet ein Mitglied oder ein Stellvertreter aus dem Richterwahlausschuß aus, so wird ein Nachfolger nach den Vorschriften der §§ 2—5 berufen.

§ 9

(1) Die Mitgliedschaft eines Richters ruht, wenn die Bürgerschaft gegen ihn einen Antrag nach Artikel 63 Absatz 3 der Verfassung der Freien und Hansestadt Hamburg stellt.

(2) Die Mitgliedschaft eines nach § 5 Absatz 1 bestellten Rechtsanwalts ruht, solange gegen ihn ein Vertretungsverbot besteht.

(3) Für Stellvertreter gelten diese Vorschriften entsprechend.

§ 10

(1) Den Vorsitz im Richterwahlausschuß führt ein Senator. Er und sein Stellvertreter werden vom Senat bestimmt.

(2) Der Vorsitzende verpflichtet die Mitglieder und Stellvertreter durch Handschlag auf gerechte und gewissenhafte Pflichterfüllung. Er verpflichtet sie vor allem auf die Beachtung der Grundsätze der Verfassung, nach denen die Mitglieder des Richterwahlausschusses ihre Stimme nur solchen Bewerbern geben dürfen, die nach ihrer Persönlichkeit und nach ihren Fähigkeiten die Gewähr dafür bieten, daß sie den Aufgaben des Amtes gewachsen sind und im Amte und außerhalb des Amtes nicht gegen das Grundgesetz und die Verfassung der Freien und Hansestadt Hamburg verstoßen.

(3) Der Vorsitzende lädt zu den Sitzungen des Richterwahlausschusses ein und bereitet diese vor. Die Einladung soll die einzelnen Punkte der Tagesordnung aufführen und den Mitgliedern eine Woche vor der Sitzung zugehen.

(4) Die Ausschußmitglieder haben ein Recht auf Einsichtnahme in die Personalakten der Bewerber.

§ 11

(1) Die Sitzungen des Richterwahlausschusses sind nicht öffentlich. Die Stellvertreter können an den Sitzungen teilnehmen; andere Personen, insbesondere die Vorgesetzten eines Bewerbers, können hinzugezogen werden.

(2) Der Richterwahlausschuß beschließt in geheimer Abstimmung mit einfacher Mehrheit der abgegebenen Stimmen. Er ist bei Anwesenheit von mindestens zehn Mitgliedern beschlußfähig.

§ 12

(1) Ein Mitglied des Richterwahlausschusses ist von der Mitwirkung bei der Wahl eines Richters ausgeschlossen, wenn die Voraussetzungen des § 41 Nr. 2 und 3 der Zivilprozeßordnung vorliegen.

(2) Im übrigen schließt die Besorgnis der Befangenheit von der Mitwirkung im Richterwahlausschuß aus. Ob die Besorgnis begründet ist, entscheidet auf Antrag eines Mitgliedes der Ausschuß ohne die Stimme des Betroffenen.

§ 13

Die Mitglieder des Ausschusses, deren Stellvertreter und die zu den Sitzungen hinzugezogenen Personen sind zur Verschwiegenheit verpflichtet.

§ 14

In jeder Sitzung des Richterwahlausschusses ist eine Niederschrift über die gefaßten Beschlüsse zu fertigen. Diese ist dem Senat zu übersenden.

Ausgefertigt Hamburg, den 8. Juli 1952

Der Senat

Bekanntmachung
der Neufassung des Gesetzes
über die Wahl zur hamburgischen Bürgerschaft

Auf Grund von Artikel III des Gesetzes zur Änderung des Gesetzes über die Wahl zur hamburgischen Bürgerschaft vom 29. November 1952 (Hamburgisches Gesetz- und Verordnungsblatt Seite 253) wird nachstehend der Wortlaut des Gesetzes über die Wahl zur hamburgischen Bürgerschaft bekanntgemacht.

Hamburg, den 29. November 1952

Der Senat

Gesetz
über die Wahl zur hamburgischen Bürgerschaft
in der Fassung vom 29. November 1952 (GVBl. S. 257).

I. Allgemeines

§ 1

Der Wahltag wird vom Senat bestimmt. Er muß innerhalb eines Zeitraumes von zwanzig Tagen vor dem Ende der Wahlperiode der amtierenden Bürgerschaft liegen.

§ 2

Jeder Wahlberechtigte hat eine Stimme.

§ 3

Die Bürgerschaft besteht aus einhundertzwanzig Abgeordneten. Zweiundsiebzig Abgeordnete werden nach den Grundsätzen der Mehrheitswahl in den Wahlkreisen, achtundvierzig Abgeordnete nach den Grundsätzen der Verhältniswahl aus Landeswahlvorschlägen gewählt.

§ 4

(1) In den Wahlkreisen ist der Bewerber gewählt, der die meisten Stimmen erhalten hat. Bei Stimmengleichheit wird die Wahl wiederholt.

(2) Ist in einem Wahlkreis nur ein Kreiswahlvorschlag zugelassen worden, so findet keine Wahl statt. Der Bewerber gilt als gewählt. Eine Übertragung von Stimmen auf einen Landeswahlvorschlag findet in diesem Falle nicht statt.

§ 5

(1) Für die Verteilung der Sitze aus den Landeswahlvorschlägen werden für jede Partei die Stimmen zusammengezählt, die in den einzelnen Wahlkreisen

a) die erfolglosen Bewerber (Reststimmen),

b) die erfolgreichen Bewerber mehr als ihre erfolglosen Gegenkandidaten mit den höchsten Stimmenzahlen (Stimmenüberschuß)

erzielt haben. Ist keiner der für eine Partei auftretenden Bewerber in einem Wahlkreis (§ 4) gewählt worden, so findet Satz 1 nur Anwendung, wenn die auf diese Partei entfallenden Reststimmen fünf vom Hundert der insgesamt abgegebenen gültigen Stimmen übersteigen.

(2) Die nach Absatz 1 auf die einzelnen Wahlvorschläge entfallenden Stimmenzahlen werden nacheinander durch 1, 2, 3, 4 usw. geteilt, bis von den sich hierbei ergebenden Teilzahlen achtundvierzig Höchstzahlen ausgesondert werden können.

(3) Jeder Wahlvorschlag erhält soviel Sitze, wie auf ihn Höchstzahlen entfallen sind. Über die Zuteilung des letzten Sitzes entscheidet bei gleicher Höchstzahl das Los.

II. Wahlrecht und Wählbarkeit

§ 6

Wahlberechtigt ist, wer am Wahltage
1. das 21. Lebensjahr vollendet hat,
2. Deutscher ist und
3. seit mindestens drei Monaten seinen Wohnsitz oder ständigen Aufenthalt im hamburgischen Staatsgebiet hat.

§ 7

(1) Nichtwahlberechtigt ist, wer
1. entmündigt ist oder unter vorläufiger Vormundschaft oder wegen geistigen Gebrechens unter Pflegschaft steht,
2. rechtskräftig durch Richterspruch die bürgerlichen Ehrenrechte verloren hat,
3. sonst auf Grund von anderen Rechtsvorschriften vom Wahlrecht ausgeschlossen ist.

(2) An der Ausübung des Wahlrechts ist behindert, wer
1. wegen Geisteskrankheit oder Geistesschwäche in einer Anstalt untergebracht ist,
2. sich in Strafhaft befindet oder infolge gerichtlicher Anordnung in Sicherungsverwahrung gehalten wird.

§ 8

(1) Wählen kann nur der Wahlberechtigte, der in einer Wählerliste eingetragen ist oder der einen Wahlschein hat.

(2) Der Wähler kann nur in dem Stimmbezirk wählen, in dessen Wählerliste er eingetragen worden ist. Inhaber von Wahlscheinen können in einem beliebigen Stimmbezirk wählen.

§ 9

Wählbar ist jeder Wahlberechtigte, der am Wahltag das 25. Lebensjahr vollendet hat und nicht auf Grund von anderen Rechtsvorschriften von der Wählbarkeit ausgeschlossen ist.

§ 10

(1) Nichtwählbar sind Berufsbeamte (einschließlich Berufsrichter) im Dienste der Freien und Hansestadt Hamburg, die Hoheitsbefugnisse ausüben. Das ist nur der Fall, wenn die Betätigung staatlicher Zwangs- und Befehlsgewalt zum eigentümlichen, regelmäßigen Aufgabenbereich des Beamten gehört; hierunter fällt nicht die sonstige Tätigkeit im Rahmen der öffentlichen Verwaltung, wie sie insbesondere von Hochschullehrern, Lehrern, Bibliothekaren, Apothekern, Fürsorgern, Pflegern und Beamten der Sozialversicherung wahrgenommen wird.

(2) Will sich ein Berufsbeamter (Berufsrichter), der unter die Bestimmungen des Absatzes 1 fällt, um einen Abgeordnetensitz bewerben, so hat er seine Versetzung in den Wartestand zu beantragen. Dem Antrage ist unverzüglich zu entsprechen. Vor der Versetzung in den Wartestand hat der Beamte (Richter) sich jeder Betätigung zur Vorbereitung der Wahl zu enthalten.

(3) Für die Dauer seiner Zugehörigkeit zur Bürgerschaft erfolgt die Versetzung des Beamten (Richters) in den Wartestand ohne Anspruch auf Wartegeld, jedoch unter Aufrechterhaltung seiner Ansprüche auf Wiedereinstellung im Falle seines Ausscheidens aus der Bürgerschaft.

§ 11

(1) Ein Abgeordneter verliert seinen Sitz,

a) wenn er freiwillig aus der Bürgerschaft austritt,
b) wenn eine Wählbarkeitsvoraussetzung nicht vorhanden war oder wegfällt,
c) wenn ihm durch rechtskräftige strafgerichtliche Entscheidung die Rechte aus öffentlichen Wahlen aberkannt werden,
d) wenn die Wahl für ungültig erklärt wird oder wenn er einer Entscheidung nach Artikel 9 oder Artikel 13 Absatz 2 der Verfassung zufolge seine Mitgliedschaft verliert,
e) wenn sich das Wahlergebnis nachträglich ändert.

(2) Der freiwillige Austritt ist dem Präsidenten der Bürgerschaft schriftlich zu erklären. Er kann nicht widerrufen werden.

III. Vorbereitung für die Wahl

1. Landeswahlleiter, Landeswahlausschuß

§ 12

(1) Der Senat bestellt einen Landeswahlleiter. Stellvertreter des Landeswahlleiters ist der Direktor des Statistischen Landesamts.

(2) Es wird ein Landeswahlausschuß gebildet. Er setzt sich aus acht Mitgliedern, welche die Bürgerschaft wählt, aus dem Landeswahlleiter und seinem Stellvertreter zusammen; für jedes Mitglied wählt die Bürgerschaft einen Stellvertreter.

(3) Vorsitzender des Landeswahlausschusses ist der Landeswahlleiter oder sein Stellvertreter. Der Landeswahlausschuß beschließt mit Stimmenmehrheit, bei Stimmengleichheit entscheidet die Stimme des Vorsitzenden.

(4) Der Landeswahlleiter übernimmt die Vorbereitung und Durchführung der Wahl und bedient sich dabei des Landeswahlamts.

2. Wahlkreise

§ 13

(1) Die Freie und Hansestadt Hamburg wird in zweiundsiebzig Wahlkreise eingeteilt.

(2) Über die Abgrenzung der Wahlkreise beschließt der Landeswahlausschuß mit Zweidrittelmehrheit. Findet ein Vorschlag keine Annahme, so hat der Landeswahlleiter die Entscheidung der Bürgerschaft herbeizuführen.

(3) Die Wahlkreise sind so abzugrenzen, daß sie eine annähernd gleiche Zahl von Einwohnern umfassen. Bei der Bildung der Wahlkreise sind möglichst die verwaltungsmäßigen Grenzen zu verwenden.

(4) Hamburgische Krankenhäuser außerhalb des Gebiets der Freien und Hansestadt Hamburg sind in Wahlkreise einzubeziehen.

3. Stimmbezirke

§ 14

(1) Die Wahlkreise werden vom Landeswahlamt im Benehmen mit den Parteien und Bezirksämtern in Stimmbezirke eingeteilt. § 13 Absatz 3 Satz 2 gilt entsprechend.

(2) Das Bezirksamt bestellt innerhalb seines Gebiets für jeden Stimmbezirk einen Wahlvorsteher und einen Stellvertreter.

(3) Der Wahlvorsteher bestellt unter Berücksichtigung der verschiedenen Parteien aus den Wahlberechtigten seines Stimmbezirks drei bis sechs Beisitzer und aus den Wahlberechtigten seines oder eines anderen Stimmbezirks einen Schriftführer.

(4) Der Wahlvorsteher, sein Stellvertreter, die Beisitzer und der Schriftführer bilden den Wahlvorstand.

4. Wählerlisten

§ 15

(1) Für jeden Stimmbezirk wird eine Wählerliste geführt.

(2) Die Wählerlisten werden zu allgemeiner Einsicht öffentlich ausgelegt. Zeit und Ort werden öffentlich bekanntgemacht.

(3) Gegen die Wählerlisten ist der Einspruch zulässig. Es wird öffentlich bekanntgemacht, innerhalb welcher Frist und bei welcher Stelle der Einspruch erhoben werden kann.

5. Wahlscheine

§ 16

(1) Ein Wahlberechtigter, der in einer Wählerliste eingetragen ist, erhält auf Antrag einen Wahlschein,

a) wenn er am Wahltag während der Wahlzeit außerhalb seines Stimmbezirks nachweislich beruflich oder auf Grund eines Dienst- oder Arbeitsvertrages tätig sein muß,

b) wenn er in einem Wahlvorstand außerhalb seines Stimmbezirks mitwirken muß,

c) wenn er sich in einer Krankenanstalt oder einer ähnlichen Anstalt befindet und das Wahllokal seines Stimmbezirks nicht aufsuchen kann,

d) wenn er durch ein körperliches Leiden oder Gebrechen in seiner Bewegungsfreiheit behindert ist und durch den Wahlschein die Möglichkeit erhält, einen günstiger gelegenen Wahlraum aufzusuchen,

e) wenn er nach Ablauf der Einspruchsfrist (§ 15 Absatz 3) seine Wohnung in einen anderen Wahlkreis verlegt.

(2) Ein Wahlberechtigter, der in eine Wählerliste nicht eingetragen oder darin gestrichen worden ist, erhält auf Antrag einen Wahlschein, wenn er nachweist, daß er ohne sein Verschulden die Einspruchsfrist (§ 15 Absatz 3) versäumt hat.

(3) Einen Wahlschein erhält ferner, wer nicht in eine Wählerliste eingetragen worden ist und nach Ablauf der Einspruchsfrist (§15 Absatz 3) bis zum Wahltag die Voraussetzungen der Wahlberechtigung (§§ 6, 7) erwirbt.

6. Wahlvorschläge

§ 17

(1) Kreiswahlvorschläge sind beim Landeswahlleiter einzureichen. Über ihre Zulassung entscheidet der Landeswahlausschuß; er setzt die Kreiswahlvorschläge fest.

(2) Kreiswahlvorschläge müssen von mindestens vierzig Wahlberechtigten des Wahlkreises, die nicht zugleich Bewerber sind, unterschrieben sein; der erste von ihnen gilt als Vertrauensmann für den Kreiswahlvorschlag, der zweite als sein Stellvertreter. Ist in einem Kreiswahlvorschlag angegeben, daß der Bewerber für eine politische Partei auftritt, so genügt die Unterschrift der für den Wahlkreis zuständigen Landesleitung der Partei, wenn sie glaubhaft macht, daß mindestens vierzig Wahlberechtigte Anhänger des Kreiswahlvorschlages sind. Die Unterzeichner haben ihre Wohnung und ihr Geburtsdatum anzugeben.

(3) Jeder Wahlberechtigte darf nur einen Wahlvorschlag unterschreiben.

§ 18

(1) Der Kreiswahlvorschlag darf nur einen Bewerber enthalten. Name, Vorname, Geburtstag, Geburtsort, Anschrift und Beruf des Bewerbers müssen angegeben sein.

(2) Ein Bewerber darf nur in einem Wahlkreis und in diesem Wahlkreis nur in einem Kreiswahlvorschlag benannt werden.

(3) Ein Bewerber darf gleichzeitig in einem Kreiswahlvorschlag und in einem Landeswahlvorschlag (§ 19) seiner Partei aufgestellt werden.

(4) Tritt ein Bewerber für eine Partei auf, so ist die Parteibezeichnung hinzuzufügen, andernfalls die Bezeichnung „parteilos". Die Hinzufügung der Parteibezeichnung ist nur mit Zustimmung dieser Partei zulässig.

(5) Tritt ein für den Kreiswahlvorschlag genannter Bewerber vor Ablauf der Frist zur Einreichung der Wahlvorschläge von der Bewerbung zurück, so gilt der Wahlvorschlag für die Durchführung der Wahl als nicht eingereicht. Die Rücktrittserklärung ist schriftlich beim Landeswahlleiter einzureichen und muß vom Bewerber unterzeichnet sein.

(6) Tritt ein Bewerber nach Ablauf der Frist zur Einreichung der Wahlvorschläge zurück oder fällt eine Wählbarkeitsvoraussetzung weg, so ist das für die Durchführung der Wahl unbeachtlich. Die für diesen Wahlvorschlag abgegebenen Stimmen werden dem Landeswahlvorschlag zugezählt.

§ 19

(1) Landeswahlvorschläge sind beim Landeswahlleiter einzureichen. § 17 Absatz 1 Satz 2, Absatz 2 Sätze 1 und 3 sowie § 18 Absatz 1 Satz 2 gelten entsprechend, jedoch muß ein Landeswahlvorschlag von mindestens fünfhundert Wahlberechtigten unterzeichnet sein; an Stelle von fünfhundert Wahlberechtigten genügen zwanzig, wenn diese glaubhaft machen, daß mindestens fünfhundert Wahlberechtigte Anhänger des Landeswahlvorschlages sind.

(2) Ein Bewerber darf nur in einem Landeswahlvorschlag benannt werden.

(3) Für einen Landeswahlvorschlag dürfen nicht mehr als sechsundneunzig Bewerber benannt werden.

(4) Die Namen der Bewerber auf dem Landeswahlvorschlag müssen in erkennbarer Reihenfolge aufgeführt sein. Für Bewerber, die durch Wahl in den Wahlkreisen auf dem Landeswahlvorschlag ausfallen, rücken die nachstehend bezeichneten Bewerber in der aufgeführten Reihenfolge nach.

(5) Die Landeswahlvorschläge tragen als Kennwort die Bezeichnung der betreffenden Partei.

(6) Eine Verbindung von Landeswahlvorschlägen ist unzulässig.

§ 20

In einen Wahlvorschlag darf nur aufgenommen werden, wer seine Zustimmung dazu dem Landeswahlleiter schriftlich erklärt hat.

§ 21

Der Landeswahlleiter gibt die Kreiswahlvorschläge und die Landeswahlvorschläge nach der Zulassung öffentlich bekannt. Hierbei richtet sich die Reihenfolge nach den Stimmenzahlen bei der letzten Bürgerschaftswahl, sonst nach dem zeitlichen Eingang der Wahlvorschläge beim Landeswahlleiter.

7. Stimmzettel

§ 22

(1) Stimmzettel werden für jeden Wahlkreis amtlich hergestellt.

(2) Sie enthalten alle zugelassenen Bewerber nach Vor- und Familiennamen, Wohnort und Wohnung, Beruf, Parteizugehörigkeit.

(3) Für die Reihenfolge der Bewerber ist die Stimmenzahl der Parteien bei der letzten Bürgerschaftswahl in Hamburg maßgebend; dann folgen die übrigen Parteien nach dem Zeitpunkt des Eingangs ihrer Wahlvorschläge und zuletzt die parteilosen Bewerber nach der alphabetischen Reihenfolge ihrer Familiennamen.

(4) Die Parteizugehörigkeit wird durch den vollständigen Namen der Partei bezeichnet und in Klammern durch die übliche Abkürzung.

IV. Wahlhandlung und Feststellung des Wahlergebnisses

1. Wahlhandlung

§ 23

(1) Die Wahlhandlung ist öffentlich.

(2) Über die Wahlhandlung ist eine Niederschrift zu führen.

(3) Der Wahlraum muß so ausgestattet sein, daß das Wahlgeheimnis gewahrt wird.

§ 24

(1) Der Wähler stimmt in einer Wahlzelle ab, indem er auf dem Stimmzettel bei dem Namen desjenigen Bewerbers, den er wählen will, ein Kreuz einsetzt.

(2) Eine Vertretung bei der Stimmabgabe ist unzulässig.

§ 25

(1) Die Wahlvorsteher sind für die ordnungsmäßige Durchführung der Wahl in den Wahlräumen verantwortlich.

(2) Der Wahlvorsteher oder sein Stellvertreter kann Anwesende aus dem Wahlraum verweisen, wenn sie trotz Verwarnung die Ruhe oder Ordnung stören.

2. Feststellung des Wahlergebnisses

§ 26

(1) Nach Beendigung der Wahl ist in den einzelnen Stimmbezirken das Wahlergebnis durch Zählen der Stimmen öffentlich zu ermitteln.

(2) Über Stimmzettel, deren Gültigkeit nicht feststeht, entscheidet der Wahlvorstand mit Stimmenmehrheit. Bei Stimmengleichheit entscheidet die Stimme des Wahlvorstehers.

(3) Die Entscheidungen des Wahlvorstandes unterliegen der Nachprüfung im Wahlprüfungsverfahren.

(4) Das Ergebnis im Stimmbezirk ist unverzüglich dem Landeswahlleiter zu übermitteln.

§ 27

(1) Zur Ermittlung des Wahlergebnisses aus den Landeswahlvorschlägen stellt der Landeswahlleiter zunächst nach § 5 Absatz 1 die Zahl der Stimmen fest, die für jede Partei zu berechnen ist.

(2) Alsdann ermittelt er nach § 5 Absätzen 2 und 3 und § 19 Absatz 4 die Namen der gewählten Abgeordneten.

(3) Die Feststellung des Wahlergebnisses bedarf der Bestätigung durch den Landeswahlausschuß.

§ 28

Der Landeswahlleiter gibt die Namen der in den Wahlkreisen und der aus den Landeswahlvorschlägen gewählten Abgeordneten öffentlich bekannt.

§ 29

(1) Die in den Wahlkreisen und aus den Landeswahlvorschlägen gewählten Bewerber werden vom Landeswahlleiter über ihre Wahl verständigt.

(2) Sie sind aufzufordern, innerhalb von zehn Tagen schriftlich mitzuteilen, ob sie die Wahl annehmen.

(3) Ein gewählter Bewerber darf erst dann als Abgeordneter handeln, wenn er dem Landeswahlleiter schriftlich erklärt hat, daß er die Wahl annehme.

V. Nachwahlen

§ 30

(1) Stirbt ein Bewerber in einem Wahlkreis nach Ablauf der Frist für die Einreichung der Wahlvorschläge und vor Beginn der Wahl, so hat der Landeswahlleiter die Wahl abzusetzen und eine Nachwahl anzuberaumen.

(2) Eine Nachwahl findet ferner statt, wenn in einzelnen Wahlkreisen oder Stimmbezirken die Wahl wegen höherer Gewalt nicht durchgeführt werden konnte.

§ 31

(1) Eine Nachwahl muß spätestens vier Wochen nach dem Tage der Hauptwahl stattfinden.

(2) Den Tag der Nachwahl bestimmt der Landeswahlleiter.

(3) Auf Grund der Nachwahl wird das Wahlergebnis für die Freie und Hansestadt Hamburg neu ermittelt.

§ 32

Für die Nachwahl gelten im übrigen die Bestimmungen dieses Gesetzes sinngemäß.

VI. Ersatz ausscheidender Abgeordneter

§ 33

(1) Lehnt ein Abgeordneter einer Partei die Wahl ab oder scheidet er während der Wahlperiode aus, so ist der in der aufgeführten Reihenfolge nachfolgende Bewerber auf dem Landeswahlvorschlag für gewählt zu erklären. Ist kein Bewerber mehr auf dem Landeswahlvorschlag vorhanden, so wählt die Bürgerschaft aus drei Vorschlägen, die der Vertrauensmann oder die Parteileitung des betreffenden Landeswahlvorschlages zu machen hat, einen Ersatzmann.

(2) Lehnt ein parteiloser Abgeordneter (§ 18 Absatz 4 Satz 1) die Wahl ab, so findet in dem betreffenden Wahlkreis eine Ersatzwahl statt. Das gleiche gilt, wenn der Abgeordnete während der Wahlperiode ausscheidet; nach Beginn des letzten halben Jahres der Wahlperiode bleibt der Sitz jedoch bis zum Ende der Wahlperiode unbesetzt. Für die Ersatzwahl finden die Bestimmungen dieses Gesetzes sinngemäß Anwendung.

VII. Wiederholungswahl

§ 34

(1) Ist von der Bürgerschaft eine Wiederholungswahl angeordnet worden, so soll diese nach Möglichkeit nicht später als drei Monate nach der Hauptwahl stattfinden.

(2) Bei der Wiederholungswahl wird nach denselben Wahlvorschlägen und auf Grund derselben Wählerlisten gewählt, soweit nicht von der Bürgerschaft eine andere Entscheidung getroffen worden ist.

(3) Wird eine Wiederholungswahl in mehr als zwanzig Wahlkreisen erforderlich, so ist die ganze Bürgerschaft neu zu wählen.

(4) Auf Grund einer Wiederholungswahl wird das Wahlergebnis für die Freie und Hansestadt Hamburg neu ermittelt.

(5) Im übrigen finden die Bestimmungen dieses Gesetzes Anwendung.

VIII. Pflicht zu ehrenamtlicher Mitwirkung

§ 35

Jeder Wahlberechtigte ist verpflichtet, das ihm übertragene Amt eines Wahlvorstehers, Stellvertreters des Wahlvorstehers, Beisitzers oder Schriftführers im Wahlvorstand oder eines Mitglieds im Landeswahlausschuß zu übernehmen. Er darf die Übernahme nur aus einem wichtigen Grund ablehnen.

§ 36

Die Übernahme eines Amtes nach § 35 dürfen ablehnen:

1. die Mitglieder des Senats,
2. die im öffentlichen Dienst Beschäftigten, die amtlich mit dem Vollzug dieses Gesetzes oder mit der Aufrechterhaltung der öffentlichen Sicherheit und Ordnung betraut sind,
3. Personen, die auf einem Kreiswahlvorschlag oder Landeswahlvorschlag genannt sind,
4. Wahlberechtigte, die das 60. Lebensjahr vollendet haben,

5. Wähler, die glaubhaft machen, daß sie aus dringenden beruflichen Gründen oder durch Krankheit oder durch Gebrechen verhindert sind, das Amt ordnungsmäßig zu führen,
6. Wähler, die sich am Wahltag aus zwingenden Gründen außerhalb ihres Wohnorts aufhalten.

§ 37

Eine Vergütung für die haupt- und ehrenamtlich Tätigen bei der Durchführung der Wahl wird nicht gewährt.

§ 38

Die Ablehnung der Übernahme einer ehrenamtlichen Tätigkeit bei der Wahl ohne wichtigen Grund ist eine Ordnungswidrigkeit, die nach dem Gesetz über Ordnungswidrigkeiten vom 25. März 1952 (Bundesgesetzblatt I Seite 177) geahndet wird. § 56 Absatz 5 dieses Gesetzes findet keine Anwendung. Die Staatsanwaltschaft ist an dem Verfahren nicht beteiligt. Zuständige Behörde ist das Landeswahlamt.

IX. Schlußvorschrift

§ 39

Der Senat erläßt eine Landeswahlordnung und die weiteren zur Durchführung und Ausführung dieses Gesetzes erforderlichen Vorschriften.

Sachverzeichnis

(Die Zahlen bedeuten Seiten)

Abberufung der bürgerl. Mitgl. des Richterwahlausschusses 98
— von Deputierten 84f.
Aberkennung von Bezügen als Senator 82f.
Abgeordnete 6f., 102f.
Ablehnung der Wahl zur Bürgerschaft 7f.
— der Wahl zum Bürgerausschuß 26f.
— der Wahl in den Senat 34
— des Amtes als Wahlvorsteher usw. 111f.
Abolition 43
Abstimmung in der Bürgerschaft 20f.
— im Senat 41f., 78
— der Deputation 85
— im Richterwahlausschuß 101
Aktenvorlegung durch den Senat 32
Alter für aktives Wahlrecht 103
— für passives Wahlrecht 103
Alterspräsident der Bürgerschaft 12
Altona (Bezirk) 2, 5
Amnestie 43f.
Amt für Bezirksverwaltung 5
Amtsbezüge der Senatoren 78f.
Amtsblatt der Freien und Hansestadt Hamburg 51
Amtlicher Anzeiger 51
Amtsdauer des Richterwahlausschusses 60, 98
Anfragen 22f.
Angestellter als Senator 78f.
Anklage gegen Richter 59
— Mitglied des Rechnungshofes 74
Anleihen 73
Annahme einer Wahl vgl. Ablehnung
Antrag eines Gerichtes über Verfassungsmäßigkeit eines Gesetzes 64
Arbeiter als Senator 78f.
Arbeitsbehörde 84
Arbeitsrichter 58
Auflösung der Bürgerschaft 11, 36
— einer Partei 9
Aufsicht des Senats über die Verwaltung 33, 83
Aufsichtsrecht des Bürgerausschuß 28ff.
Aufsichtsrat, Senatoren im, 39
Aufträge an Abgeordnete 9
Aufwandsentschädigung 12
Ausfertigung der Gesetze 50f.
Ausführungsverordnungen des Senats 52
Ausgaben 66ff.
Auskunftspflicht des Senats 22f., 32
Ausland, Vertretung gegenüber 42f.
Auslegung der Verfassung 63
— von Wählerlisten 106
Ausscheiden der Senatoren 35, 79
— eines Mitgliedes der Bürgerschaft 10, 12, 104
— eines Mitgliedes des Bürgerausschusses 12f., 104
— eines Mitgliedes des Richterwahlausschusses 99
Ausschluß eines Abgeordneten aus Fraktion oder Partei 9
Ausschreibung der Wahlen 12
Ausschüsse der Bürgerschaft 21f.
Auszählung der Stimmen 109

Bannkreis 19
Baubehörde 84
Beamte als Senatoren 78f.
— der Bürgerschaft 18f.
Begnadigungsrecht 43
Behörde für Ernährung und Landwirtschaft 84
— für Wirtschaft und Verkehr 84
Bergedorf (Bezirk) 2, 4, 5
Bericht des VerfA. von 1949 VII
Berichte über Verhandlungen der Bürgerschaft 17
Berichterstatter des VerfA der 1946 gewählten Bürgerschaft VII
Beschlagnahme in den Räumen der Bürgerschaft 18
Beschluß der Bürgerschaft 20, 46f.

Beschlußfähigkeit der Bürgerschaft 20
— des Bürgerausschuß 29
Beschwerdeinstanz, Senat als 84
Besprechung von großen Anfragen 24
Beweiserhebung der Untersuchungsausschüsse 23f.
Bezirke 5
Bezirksausschüsse 5
Bezirksverordnete 5
Bezirksverwaltung 5
Bezüge als Vertreter der Freien und Hansestadt Hamburg 56
Budgetinitiative 67
Bürgerausschuß 26ff.
Bürgerliche Mitglieder der Deputation 84
— des Richterwahlausschuß 98, 99
— des Landeswahlausschuß 105
Bürgermeister 41, 77
Bürgerschaft erbgesessene VII
— ernannte von 1946 VII
— gewählte von 1946 VII
— gewählte von 1949 VIII
Bürgerschaftswahlgesetz 7, 102ff.
Bundesfarben 6
Bundesverfassungsgericht 49
Bundeszwang 49
Bundesrepublik Deutschland 1

Cameralisten im Senat 33
Cuxhaven 2

Demokratie XI, 3f., 8
Demokratisierung der Wirtschaft IX
Deputationen 84
Deputierte der Finanzbehörde 84, 85
Disziplinare Maßnahmen gegen Abgeordnete 15
Durchführungsverordnungen 52

Ehrenämter 74
Ehrenzeichen 40
Eid der Beamten 74f.
— der Senatoren 38f.
Eingangsformel der Gesetze 50
Einhaltung der Verfassung 28
Einberufung der Bürgerschaft 12
Einjährigkeit des Haushaltsplanes 67
Einnahmen 66ff.
Einspruch gegen Wählerlisten 106
Einspruchsrecht des Senats gegen Gesetze 48
Enquete-Recht der Bürgerschaft 24
Entlassung der Beamten 44
— von Senatoren 35
Entlastung des Senats 70
Erbgesessene Bürgerschaft VII
Ernennung von Beamten 44
— von Richtern 58f.
Ermächtigung des Senats 69
Ersatz ausscheidender Abgeordneter 110f.
Evokationsrecht des Senats 52
Exequatur für Konsuln 43

Fachausschüsse der Bezirksverwaltung 54
Fachbehörden 83f.
Festnahme von Abgeordneten 15f.
Feststellung der Wahlergebnisse 109f.
Finanzschulden 73
Finanzbehörde 84
Finanzwesen 66f.
Flagge 5
Formelle Gesetze 45f.
Fraktion 9
Fraktionszwang 9
Französische Herrschaft in Hamburg 1, 57
Freie und Hansestadt Hamburg 1
Freies Mandat 9
Freizeit für staatsbürgerliche Rechte 74

Gebiet 1f.
Geesthacht 2
Gefängnisbehörde 84
Geheime Abstimmung im Richterwahlausschuß 101
Geheime Sitzung der Bürgerschaft 21
Geheime Wahlen 6f., 109
Geheimhaltung 12f., 24, 27, 78, 82, 101
Gemeinden 1, 4
Genehmigung von Tarifen 46
Genossenschaftliche Selbsthilfe 11
Gericht 57ff.
Geschäftsordnung der Bürgerschaft 19
— des Bürgerausschuß 25
— des Senats 78
Geschäftsverteilung des Senats 41f., 77, 83f., 98
Geschäftsweiterführung der Bürgerschaft 12
— des Bürgerausschuß 26
— des Senats 38
— des Richterwahlausschuß 95

Geschworene 33, 58
Gesetz 45ff.
Gesetz- und Verordnungsblatt, hamb., 51
Gesetzgebung 45ff.
Gesetzesvorlagen 47
Gesetzmäßigkeit der Verwaltung 28, 52
Gesundheitsbehörde 84
Gewaltenteilung VIII, 3f.
Gleichheit im Wahlrecht 7
Gnadenrecht des Senats 43
Gottorper Vergleich 1
Groß-Hansdorf 2
Grundgesetz für die Bundesrepublik VII
Grundrechte VII
Grundsätze des deutschen Bundestages in Immunitätsangelegenheiten 13
Gültigkeit der Wahl 10, 64

Hamburg Mitte (Bezirk) 5
Hamburg Nord (Bezirk) 5
Harburg (Bezirk) 2, 5
„Halbamtliche" Senatoren VIII, 38f.
Handelsrichter 58
Hanseatisches Oberlandesgericht 3, 99
Hansestadt 1
Haushaltsführung (Überwachung) 71
Haushaltsplan Feststellung 46f., 66ff.
Haushaltsrecht 66ff.
Haushaltswesen 66ff.
Haushaltsüberschreitung 70
Hausrecht des Bürgerschaftspräsidenten 18f.
Hinterbliebenen-Fürsorge der Senatoren 81f.
Hoheitsgebiet 2f.

Imperatives Mandat 9
Immunität 13ff., 18
Indemnität 14
Initiative des Bürgerausschuß in Verfolg des Aufsichtsrechtes 29
— zur Gesetzgebung 47
— zum Budget 68
— zum Vorschlag von Richtern 60
Inkompatibilität für Mitglieder des Verfassungsgerichts 65
— für Senatoren 35
Interpellations-Recht 21f., 23, 32
Inkrafttreten der Gesetze 52

Jugendbehörde 84
Juristen im Senat 33

Kalenderjahr im Haushalt 66
Kanzlei der Bürgerschaft 21
Kaufleute im Senat 33
Kirche VII
Kollegium der Sechziger 31
Konstituants von 1848 7, 25
Krankenhäuser (Wahl) 105
Kreditaufnahme 73
Kreiswahlvorschlag 106f.
Kulturbehörde 84

Landesarbeitsrichter 58
Landesausschuß beim Amt für Bezirksverwaltung 5, 54
Landesfarben 5
Landesflagge 6
Landesregierung 33
Landeswahlausschuß 104f.
Landeswahlleiter 104f.
Landeswahlordnung 112
Landeswahlvorschlag 102, 107f.
Landeswappen 6
Landgemeinden 4
Legislaturperiode 11
Lesung eines Gesetzes 48
Listenverbindung, Verbot 108

Materielle Gesetze 45f.
Mehrheitswahl 7, 8
Meinungsverschiedenheiten über Auslegung von Landrecht 64
über Vereinbarkeit von Landrecht mit der Verfassung 64
— zwischen Bürgerschaft und Senat 65
— zwischen Behörden 83
Minderheitsschutz 24, 48
Mischparlament 7
Mißtrauensantrag gegen einen Senator 35, 79

Nachbewilligung von Haushaltsmitteln 69
Nachforderung 97
Nachwahl 110
Neugliederung des Bundesgebiets 3
Niederschlagung von Strafverfahren 43
Niederschrift über Sitzung der Bürgerschaft 21
— des Richterwahlausschuß 101
— des Senats 42
Normenkontrolle 65
Notgesetzgebungs-Recht des Bürgerausschuß 28, 30

Oberalten 25, 28, 31
Oberappellationsgericht der vier freien Städte Deutschlands 57
— der drei Hansestädte 57
Obergericht 57
Öffentliche Angelegenheiten, Anfragen in 22
Öffentliche Sicherheit und Ordnung 98
Öffentliche Sitzung der Bürgerschaft 20
— eines Untersuchungsausschuß 24
Orden, außerhamburgische 40
Ordnung der Senatsgeschäfte 77
Ordnungsgewalt des Präsidenten der Bürgerschaft 12
Organ der Freien und Hansestadt (Abg. als) 9
Ortsämter 5
Ortsausschüsse der Bezirksverwaltung 54

Parlamentarische Enquete 24
Parlamentarischer Rat VII
Parlamentarisches System 35
Parlamentsprivileg 13ff., 17
Parteien (Wahlvorschläge) 106ff., 110
Politische Betätigung der öffentlichen Bediensteten 55
Politische Verantwortlichkeit 41
Polizeibehörde 84, 89, 94ff., 98
Polizeigewalt des Präsidenten der Bürgerschaft 18f.
Präambel IX, XI,
Präsident der Bürgerschaft 18f., 25
Präsident der bisherigen Bürgerschaft 12
Präsident des Hans. OLG als Präsident d. VerfGer. 63, 64
Präsident des Senats 33, 40f., 77f.
Prätoren im Niedergericht 57
privilegium de non appellando 57
Priviligiertes Zeugnisverweigerungsrecht 18
Professor Titel 29
Prüfung der Verfassungsmäßigkeit der Gesetze 19, 24, 62f., 63f.
Prüfungsrecht der Gerichte 62f.
Publikation von Gesetzen 51

Rathaus 19
Ratifikation von Staatsverträgen 43
Ratsgerichtsbarkeit 57
Rechnungsamt des hamburgischen Staates 71
Rechnungshof der Freien und Hansestadt Hamburg 71f.
Rechnungsjahr 67
Rechnungskontrolle 72
Rechtliche Stellung der Senatoren 78f.
Rechtsamt des Senats 53
Rechtsprechung 57ff.
Rechtsstaat 3
Rechtsweg 56
Reichshofrat 57
Reichsjustizgesetze 58
Reichskammergericht 57
Republik 1
Residenzpflicht der Bürgerschaftsabgeordneten 10
— der Senatoren 34
Revisions- und Kontrollbüro 71
Rezesse 57
Richter 58ff., 98ff.
Richterwahl-Ausschuß 98ff.
Richterliche Gewalt 57
Richterliche Unabhängigkeit 58
Richterwahl-Gesetz 98ff.
Ritzebüttel, ehem. hamburgisches Amt 2
Rücktritt des Senats 35
Rücktritt der Senatoren 35, 79
Ruhegehalt der Senatoren 81f.

Schmalenbek 2
Schöffen 33, 58
Schulbehörde 84
Selbstauflösung der Bürgerschaft 11, 36
Selbstreinigung der Bürgerschaft 13
Senat 32ff.
Senator 33, 76ff.
Senatsabteilungen 42
Senatsämter 42, 53, 83
Senatsbezüge 39f., 79, 82
Senatsgesetz 33, 39, 76ff., 53, 83
Senatskanzlei 53
Senatskommissionen 53, 83
Senatssyndici 44f., 58f., 77, 83, 98
Senatsvertreter bei Verhandlungen der Bürgerschaft und deren Ausschüsse 21
— bei Verhandlungen des Bürgerausschuß 28
Senatswahl 34, 76f.
Sitzungsperiode 11
Sonntag als Wahltag 6
Sozialbehörde 84
Sparkommissar 72

Splitterpartei 8
Staatsangehörigkeit, hamburgische 4
Staatsbürger 32
Staatsflagge, hamburgische 6
Staatsgebiet 1 f.
Staatsgerichtshof 64
Staatsgewalt 3 f.
Staatsgut 73
Staatshaushaltsordnung 66, 72
Staatsverträge 3, 43
Staatsverwaltung 52 ff.
Stadtstaat VIII, 4
Standarten 6
Stimmbezirk 105
Stimmzettel 108
Strafverfahren gegen einen Senator 79
Strafverfolgung von Abgeordneten 15 ff.

Tarife der Versorgungs- und Verkehrsbetriebe 46
Trennung der Gewalten VII, 3 f., 58

Übergangsgeld der Senatoren 79 f.
Überwachung der Verfassung 31
Unabhängigkeit der Gerichte 58
Unfallfürsorge bei Senatoren 81
Unverletzlichkeit der Abgeordneten 15
Unparteilichkeit der öffentlichen Dienste 55
Untersuchungsausschuß der Bürgerschaft 25
Urlaub der Mitglieder des Rechnungshofes 72

Verbot der Listenverbindung 108
Vereidigung der Beamten 74
— der Senatoren 38
Verfassung von Bremen VIII, 35
Verfassung von Berlin 59, 61
Verfassung von Hessen 59
Verfassungsänderung 49
Verfassungsausschuß der 1946 gewählten Bürgerschaft VII
— der 1949 gewählten Bürgerschaft 31, 53, 60, 62
Verfassungsdurchbrechung 50
Verfolgungsfreiheit der Abgeordneten 16
Verhaftung von Abgeordneten 15
Verhältniswahl 7, 8
Verkündung der Gesetze 51
— von Rechtsverordnungen 51
Verlust des Mandats 9, 10
Vermögensrechtliche Ansprüche der Senatoren 82.
Verordnungen des Senats 47, 52
Verschwiegenheitspflicht
— von Abgeordneten 12 f., 25
— von Senatoren 32, 42, 78, 82
— von Beamten 32
— von Mitgliedern eines Untersuchungs ausschuß 25
— von Mitgliedern des Richterwahlausschuß 101
— von Mitgliedern des Bürgerausschuß 27
Vertrauensfrage 36 f., 69
Vertrauensverhältnis zwischen Abgeordneten und Dritten 18
Verwaltung 52 ff.
Verwaltungsakt 46
Verwaltungsbehörde 53 f., 83 f., 92, 93 f.
Verwaltungsgerichtsbarkeit 56, 88
Verwaltungsschulden 73
Verwaltungszweige 52
Veto des Senats 49
Vögte als Richter 57
Volksabstimmung 4
Volksbegehren 4, 7
Volksentscheid 4, 47
Vorbildung der Richter 61
— der Senatssyndici 47 Abs. 1
Vorherigkeit des Haushaltsplanes 67
Vorsitz im Bürgerausschuß 25
— im Verfassungsgericht 63
Vorstand der Bürgerschaft 18
Vollständigkeit des Haushaltsplanes 66
Vollstreckungshilfe durch Polizei 19

Wahl der Bürgerschaft 102 ff.
Wahl des Bürgerausschuß 25
Wahl des Bürgermeisters 77
Wahl der Deputierten 84 f.
Wahl der Mitglieder des VerfGer. 63
Wahl der Senatoren 76 f.
Wahl der Richter 98 f.
Wahlalter 103
Wahlergebnis 109 f.
Wahlhandlung 108 f.
Wahlkollegium der Richter 99
Wahlkreis 105 f.
Wählerlisten 106
Wahlperiode 10
Wahlprüfung 10, 64
Wahlprüfungsgericht 10

Wahlrecht VIII, 7f., 103, 106
Wahlscheine 106
Wahltag 6, 102
Wahlvorschläge 106f.
Wahlvorstand 109
Wahlvorsteher 109, 111
Wählbarkeit zur Bürgerschaft 103f.
— zum Senator 34, 76
— zum Bürgerausschuß 25
Wählerliste 106
Wiederholungswahl 111
Wohnsitz der Bürgerschaftsabgeordneten 103
— der Senatoren 34
Wirtschaftliche Demokratie XI

Zahl der Senatoren 76
Zugang zu öffentlichen Ämtern 55
Zuständigkeit der Bürgerschaft 4, 24
— des Bürgerausschuß 28f.
— eines parlamentarischen Untersuchungsausschusses 24
Zweifel über Auslegung des Landesrechts 64
— über Vereinbarkeit des Landesrechts mit der Verfassung 64

Gliederung der Verwaltung der Freien und Hansestadt Hamburg

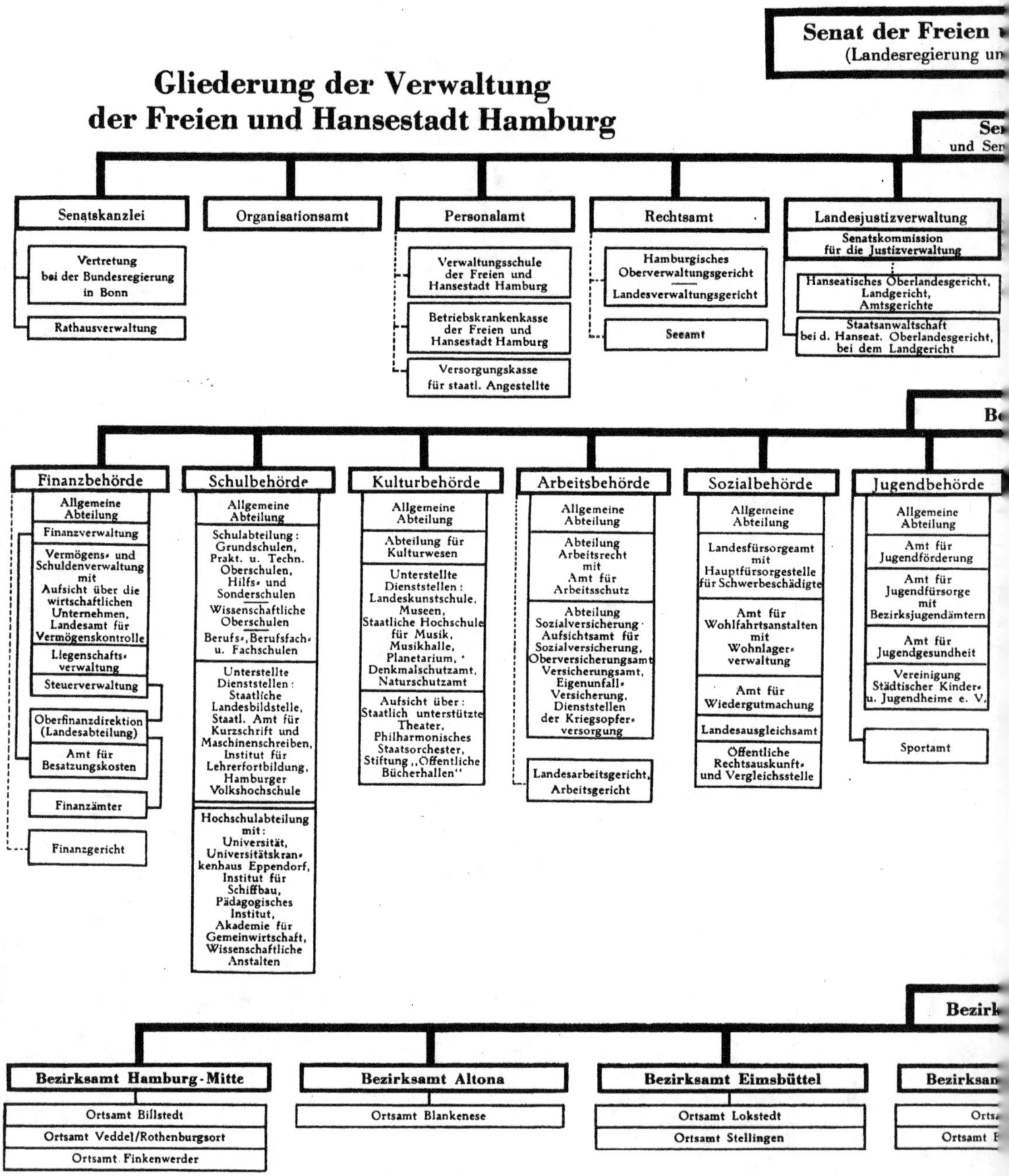

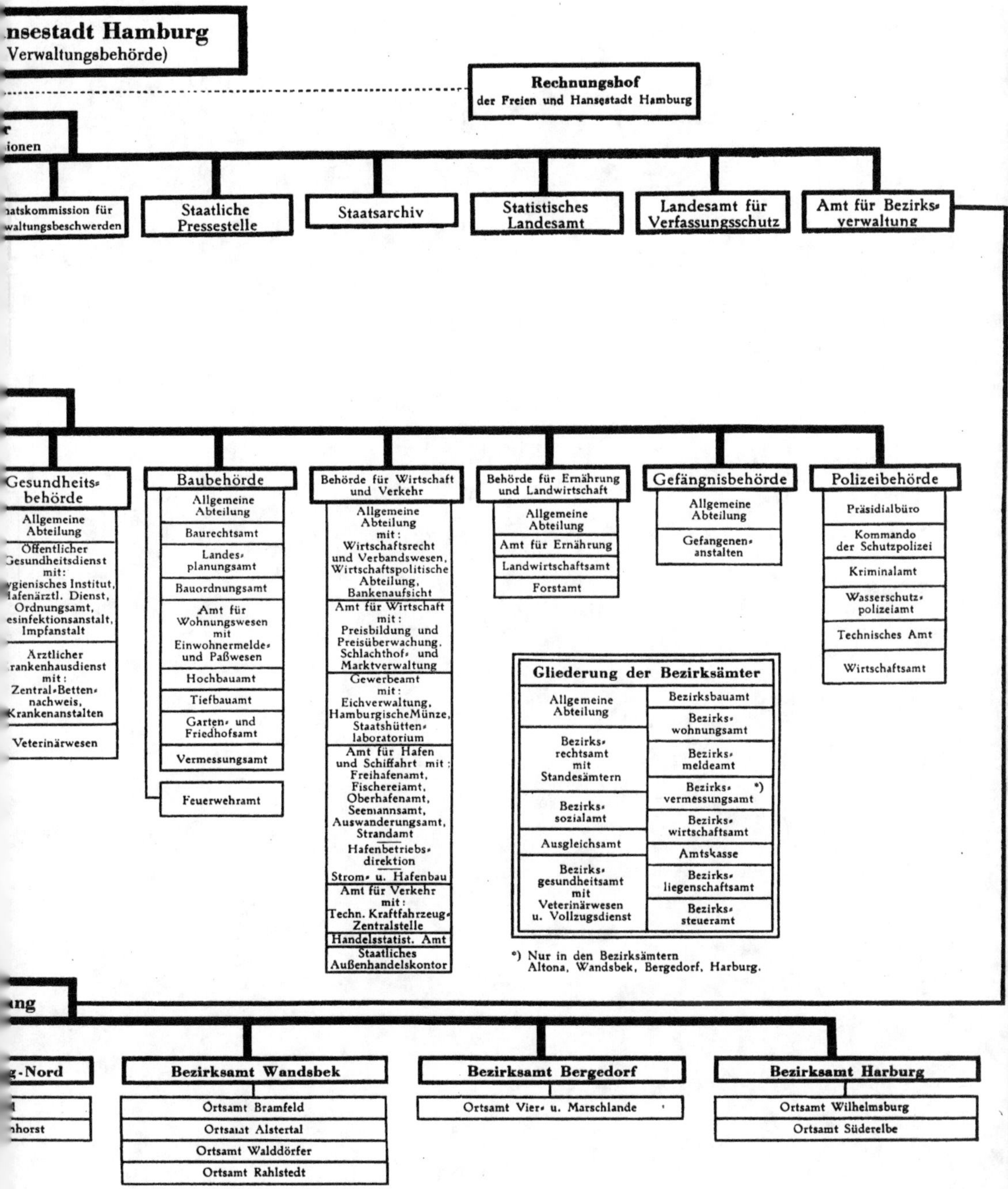

nsestadt Hamburg
Verwaltungsbehörde)
Rechnungshof
der Freien und Hansestadt Hamburg
ionen
atskommission für waltungsbeschwerden
Staatliche Pressestelle
Staatsarchiv
Statistisches Landesamt
Landesamt für Verfassungsschutz
Amt für Bezirksverwaltung
Gesundheitsbehörde
Allgemeine Abteilung
Öffentlicher Gesundheitsdienst mit: ygienisches Institut, Hafenärztl. Dienst, Ordnungsamt, esinfektionsanstalt, Impfanstalt
Ärztlicher rankenhausdienst mit: Zentral-Bettennachweis, Krankenanstalten
Veterinärwesen
Baubehörde
Allgemeine Abteilung
Baurechtsamt
Landesplanungsamt
Bauordnungsamt
Amt für Wohnungswesen mit Einwohnermelde- und Paßwesen
Hochbauamt
Tiefbauamt
Garten- und Friedhofsamt
Vermessungsamt
Feuerwehramt
Behörde für Wirtschaft und Verkehr
Allgemeine Abteilung mit: Wirtschaftsrecht und Verbandswesen, Wirtschaftspolitische Abteilung, Bankenaufsicht
Amt für Wirtschaft mit: Preisbildung und Preisüberwachung, Schlachthof- und Marktverwaltung
Gewerbeamt mit: Eichverwaltung, HamburgischeMünze, Staatshüttenlaboratorium
Amt für Hafen und Schiffahrt mit: Freihafenamt, Fischereiamt, Oberhafenamt, Seemannsamt, Auswanderungsamt, Strandamt
Hafenbetriebsdirektion
Strom- u. Hafenbau
Amt für Verkehr mit: Techn. Kraftfahrzeug-Zentralstelle
Handelsstatist. Amt
Staatliches Außenhandelskontor
Behörde für Ernährung und Landwirtschaft
Allgemeine Abteilung
Amt für Ernährung
Landwirtschaftsamt
Forstamt
Gefängnisbehörde
Allgemeine Abteilung
Gefangenenanstalten
Polizeibehörde
Präsidialbüro
Kommando der Schutzpolizei
Kriminalamt
Wasserschutzpolizeiamt
Technisches Amt
Wirtschaftsamt
Gliederung der Bezirksämter
Allgemeine Abteilung
Bezirksrechtsamt mit Standesämtern
Bezirkssozialamt
Ausgleichsamt
Bezirksgesundheitsamt mit Veterinärwesen u. Vollzugsdienst
Bezirksbauamt
Bezirkswohnungsamt
Bezirksmeldeamt
Bezirksvermessungsamt *)
Bezirkswirtschaftsamt
Amtskasse
Bezirksliegenschaftsamt
Bezirkssteueramt
*) Nur in den Bezirksämtern Altona, Wandsbek, Bergedorf, Harburg.
ung
-Nord
hhorst
Bezirksamt Wandsbek
Ortsamt Bramfeld
Ortsamt Alstertal
Ortsamt Walddörfer
Ortsamt Rahlstedt
Bezirksamt Bergedorf
Ortsamt Vier- u. Marschlande
Bezirksamt Harburg
Ortsamt Wilhelmsburg
Ortsamt Süderelbe

www.ingramcontent.com/pod-product-compliance
Lightning Source LLC
La Vergne TN
LVHW010648300926
849161LV00005B/1060